Cuerpo Técnico de Hacienda

AGENCIA ESTATAL DE ADMINISTRACIÓN TRIBUTARIA

Si aún no dispones de tu **Curso MAD360**, te ofrecemos un acceso GRATIS de 30 días para que disfrutes de los siguientes recursos:

- Técnicas de Memoria 360.
- MADTEST: Test *online* Nivel PRO.
- Temario en formato digital.
- Planificación de estudio.
- Foro entre opositores hasta la fecha del examen.*
- Recursos y novedades exclusivas.
- Consúltanos sobre tu oposición y proceso selectivo.

Para acceder a esta prueba del Curso MAD360** será necesaria la compra de todos los libros para esta especialidad de la edición 2026.

Regístrate en **mad.es/iniciar-sesion** y en la pestaña MIS CURSOS valida los códigos que encuentras en la última página de tus libros.

AF212161

NOTA IMPORTANTE:

* Examen de esta categoría profesional correspondiente a la convocatoria publicada en el BOE núm. 315, de 31 de diciembre de 2025, o hasta el 28 de febrero de 2027, lo que se cumpla antes, y previa renovación del servicio.

** El acceso al CURSO MAD360 estará disponible desde febrero de 2026 (algunos recursos podrían estar disponibles en fecha posterior). Tendrá una duración de 30 días RENOVABLES mediante pago, desde la validación de códigos, o hasta el 31 de agosto de 2027, lo que se cumpla antes.

MAD se reserva el derecho a ampliar dichas fechas.

Cuerpo Técnico de Hacienda

Agencia Estatal de Administración Tributaria

Febrero, 2026

Cuerpo Técnico de Hacienda

Agencia Estatal de Administración Tributaria

Manual de test para la preparación del primer ejercicio

JOAQUÍN MARTÍNEZ DEL FRESNO
Licenciado en Derecho

MANUEL JOSÉ RODRÍGUEZ DE LA HERA
Licenciado en Empresariales
Cuerpo Técnico de Hacienda

JOSÉ ANTONIO GUERRERO ARROYO
Cuerpo Superior de Letrados

LIDIA MARINA PONCE MARTÍNEZ
Licenciada en Psicología

© 7 Editores Recursos para la Cualificación Profesional y el Empleo, S.L. (7 Editores)
© Los autores
Primera edición, febrero 2026 (200 páginas)
Derechos de edición reservados a favor de 7 Editores
IMPRESO EN ESPAÑA
Diseño Portada: 7 Editores
Edita: 7 Editores
Avda. San Francisco Javier, 9 · Edificio Sevilla 2 · Planta 11 · Módulos 25-27 · 41018 Sevilla
Teléfono: 954 784 411 · WEB: www.mad.es · e-mail: administracion@7editores.com
ISBN: 979-13-702-8541-8
© "Editorial Mad" y "Eduforma" son nombres comerciales registrados de
7 Editores Recursos para la Cualificación Profesional y el Empleo, S.L.

Índice

DERECHO CIVIL Y MERCANTIL. ECONOMÍA

DERECHO CONSTITUCIONAL Y ADMINISTRATIVO

Derecho Civil y Mercantil. Economía

TEST N.º 1

El concepto de persona. Clases de personas. Personas físicas: Nacimiento y extinción. Personas jurídicas: Concepto, naturaleza y clases. Constitución y extinción de las personas jurídicas. Capacidad jurídica y capacidad de obrar. Representación. Adquisición y pérdida de la nacionalidad española. El extranjero

1. Para la teoría iusnaturalista, la condición de persona deriva de:

a) El reconocimiento legal.
b) La inscripción registral.
c) La dignidad humana.
d) La capacidad de obrar.

2. Las personas pueden clasificarse, según el texto, atendiendo a:

a) Su patrimonio.
b) Su capacidad, nacionalidad y naturaleza.
c) Su estado civil exclusivamente.
d) Su domicilio.

3. El nacimiento determina la personalidad según el artículo:

a) 28 del Código Civil.
b) 29 del Código Civil.
c) 31 del Código Civil.
d) 32 del Código Civil.

4. La personalidad se adquiere cuando el nacido:

a) Es inscrito en el Registro Civil.
b) Es concebido.
c) Nace con vida y se produce el entero desprendimiento.
d) Cumple veinticuatro horas.

5. En los partos múltiples, el primogénito es:

a) El que decidan los padres.
b) El último nacido.

c) El primero en nacer.
d) El designado por los padres.

6. El concebido no nacido carece de:

a) Protección jurídica.
b) Expectativas de derecho.
c) Capacidad jurídica y de obrar.
d) Beneficios patrimoniales.

7. El artículo 627 del Código Civil permite:

a) La representación obligatoria del concebido.
b) Donaciones al concebido no nacido.
c) La adquisición automática de personalidad.
d) La transmisión de bienes hereditarios.

8. La inscripción del nacimiento hace fe de:

a) La nacionalidad únicamente.
b) La identidad y el domicilio.
c) El hecho, fecha, hora y lugar del nacimiento.
d) El estado civil futuro.

9. La inscripción de nacimiento da lugar a:

a) La asignación de un número registral.
b) La apertura de un nuevo registro individual.
c) La adquisición de vecindad civil.
d) La determinación automática de la filiación paterna.

10. En toda inscripción de nacimiento ocurrida en España debe constar:

a) La filiación paterna.
b) La filiación materna.
c) El estado civil de los progenitores.
d) La nacionalidad del padre.

En MADTEST tienes **más preguntas de este tema**, y todos tus avances
quedan registrados y se reflejan en el ranking.

¡Supera tus límites con MADTEST!

Solución al test n.º 1

1. c) La dignidad humana.

2. b) Su capacidad, nacionalidad y naturaleza.

3. b) 29 del Código Civil.

4. c) Nace con vida y se produce el entero desprendimiento.

5. c) El primero en nacer.

6. c) Capacidad jurídica y de obrar.

7. b) Donaciones al concebido no nacido.

8. c) El hecho, fecha, hora y lugar del nacimiento.

9. b) La apertura de un nuevo registro individual.

10. b) La filiación materna.

TEST N.º 2

Organización económica de la sociedad conyugal. El sistema económico-matrimonial en el Código Civil. Las capitulaciones matrimoniales. La sociedad de gananciales. El régimen de participación en las ganancias. El régimen de separación de bienes

1. El régimen económico matrimonial se define doctrinalmente como el conjunto de reglas que regulan los intereses patrimoniales derivados del matrimonio:

a) Solo frente a terceros.
b) Solo entre los cónyuges.
c) Entre los cónyuges y frente a terceros.
d) Únicamente en caso de divorcio.

2. El Código Civil consagra como principio general en materia de régimen económico matrimonial:

a) La inderogabilidad del régimen legal.
b) La libertad de pactos.
c) La obligatoriedad de capitulaciones.
d) La separación de bienes.

3. El artículo 1315 del Código Civil establece que el régimen económico del matrimonio será:

a) El legal imperativo.
b) El de gananciales.
c) El que estipulen los cónyuges en capitulaciones.
d) El que determine el juez.

4. A falta de capitulaciones matrimoniales, el régimen aplicable será:

a) Separación de bienes.
b) Participación.
c) Sociedad de gananciales.
d) Comunidad ordinaria.

5. El régimen de gananciales tiene en el Código Civil la consideración de:

a) Régimen excepcional.
b) Régimen supletorio preferente.

c) Régimen subsidiario.
d) Régimen voluntario.

6. Para pactar un régimen económico distinto del de gananciales es necesario:

a) Acuerdo verbal.
b) Documento privado.
c) Documento público.
d) Inscripción registral.

7. El Código Civil propone expresamente como regímenes económicos matrimoniales alternativos:

a) Gananciales y comunidad universal.
b) Separación de bienes y participación.
c) Comunidad ordinaria y participación.
d) Gananciales y dotal.

8. La modificación del régimen económico matrimonial no puede perjudicar:

a) A los hijos comunes.
b) A los herederos.
c) A los derechos adquiridos por terceros.
d) Al cónyuge más débil.

9. Las capitulaciones matrimoniales pueden otorgarse:

a) Solo antes del matrimonio.
b) Solo después del matrimonio.
c) Antes o después del matrimonio.
d) Solo en el momento de la boda.

10. Tienen capacidad para otorgar capitulaciones matrimoniales:

a) Solo los cónyuges mayores de edad.
b) Los cónyuges.
c) Cualquier familiar de los cónyuges.
d) El notario.

En MADTEST tienes **más preguntas de este tema**, y todos tus avances quedan registrados y se reflejan en el ranking.

¡Supera tus límites con MADTEST!

Solución al test n.º 2

1. c) Entre los cónyuges y frente a terceros.

2. b) La libertad de pactos.

3. c) El que estipulen los cónyuges en capitulaciones.

4. c) Sociedad de gananciales.

5. b) Régimen supletorio preferente.

6. c) Documento público.

7. b) Separación de bienes y participación.

8. c) A los derechos adquiridos por terceros.

9. c) Antes o después del matrimonio.

10. b) Los cónyuges.

TEST N.º 3

Los derechos reales: Concepto y clases. Diferencias entre los derechos reales y los derechos de crédito. La propiedad. Modos de adquirir y perder la propiedad. El Registro de la Propiedad. Principios hipotecarios

1. Una de las acciones que exclusivamente puede ejercitar el propietario es:

a) La acción de deslinde.
b) La acción negatoria de servidumbre.
c) Los interdictos de retener y recobrar.
d) La acción preparatoria de la acción real.

2. Según el art. 615 CC ¿qué tiempo ha de transcurrir sin que aparezca el dueño de una cosa mueble abandonada o perdida para que sea adjudicada al que la hubiera hallado?

a) Un año.
b) Dos años.
c) Tres años.
d) Cuatro años.

3. La conmixtión es una modalidad de:

a) Accesión de inmuebles a inmuebles.
b) Accesión de muebles a inmuebles.
c) Accesión de muebles a muebles.
d) Es una figura independiente y no relacionada con la accesión.

4. El censo es un derecho real:

a) De garantía.
b) De goce o disfrute.
c) De adquisición.
d) No es un derecho real, sino un derecho de crédito.

5. El retracto:

a) Es un derecho de goce.
b) Es el derecho preferente que ostenta sobre una cosa cuando su propietario pretenda venderla.

c) Es el derecho de subrogarse, en las mismas condiciones estipuladas en el contrato, en lugar de que adquiera una cosa por compra o dación de pago.

d) Es un derecho de goce.

6. Señale cuál de las siguientes afirmaciones no es correcta:

a) En el derecho real intervienen sólo un sujeto activo individual determinado y un sujeto pasivo colectivo e indeterminado.

b) El objeto del derecho real es la conducta de otra persona.

c) En el derecho real permite dirigirse contra cualquiera (erga omnes) que tenga la cosa objeto de los mismos.

d) Los derechos reales están regulados en la ley y obedecen al principio del orden público, mientras que en los derechos de crédito rige el principio de autonomía de la voluntad.

7. De acuerdo con lo dispuesto en el Código Civil, no es cierto que:

a) La propiedad es el derecho de gozar y disponer de una cosa, sin más limitaciones que las establecidas en las leyes.

b) El propietario no tiene acción contra el tenedor y el poseedor de la cosa para reivindicarla.

c) El propietario de un terreno es dueño de su superficie y de lo que está debajo de ella, y puede hacer en él las obras, plantaciones y excavaciones que le convengan, salvas las servidumbres, y con sujeción a lo dispuesto en las Leyes sobre Minas y Aguas y en los Reglamentos de policía.

d) La propiedad de los bienes da derecho por accesión a todo lo que ellos producen, o se les une o incorpora, natural o artificialmente.

8. Es una acción que puede ejercer el propietario y aquellos titulares de otros derechos reales:

a) La acción reivindicatoria.

b) La negatoria de servidumbre.

c) La acción declarativo de dominio.

d) *La Actio aqua pluvia arcenda*.

9. Según el artículo 609 del CC la propiedad se puede adquirir:

a) Por ocupación.

b) Por donación.

c) Por sucesión testada o intestada.

d) Todas las anteriores son correctas.

10. La irreivindicabilidad de las cosas muebles adquiridas de buena fe por terceros está regulada en el Código Civil en el artículo:

a) 1.462.

b) 615.

c) 464.

d) 353.

En MADTEST tienes **más preguntas de este tema**, y todos tus avances quedan registrados y se reflejan en el ranking.

¡Supera tus límites con MADTEST!

Solución al test n.º 3

1. b) La acción negatoria de servidumbre.

2. b) Dos años.

3. c) Accesión de muebles a muebles.

4. b) De goce o disfrute.

5. c) Es el derecho de subrogarse, en las mismas condiciones estipuladas en el contrato, en lugar de que adquiera una cosa por compra o dación de pago.

6. b) El objeto del derecho real es la conducta de otra persona.

7. b) El propietario no tiene acción contra el tenedor y el poseedor de la cosa para reivindicarla.

8. d) *La Actio aqua pluvia arcenda*.

9. d) Todas las anteriores son correctas.

10. c) 464.

TEST N.º 4

La posesión. El usufructo. La servidumbre. Comunidad de bienes

1. La posesión se define como:

a) Un derecho real sobre cosa ajena.
b) Una relación jurídica contractual.
c) Una relación de poder del hombre con las cosas.
d) Una mera expectativa jurídica.

2. La posesión natural consiste en:

a) La tenencia unida a la intención de ser dueño.
b) La tenencia o disfrute sin *animus domini*.
c) El ejercicio del dominio pleno.
d) La posesión inscrita en el Registro.

3. La posesión civil se caracteriza por:

a) La tenencia material exclusivamente.
b) La inscripción registral.
c) La intención de tener la cosa o derecho como propio.
d) El ejercicio pacífico durante un año.

4. La posesión puede ejercerse:

a) Solo personalmente.
b) Solo mediante representante legal.
c) Por el poseedor o por otra persona en su nombre.
d) Únicamente por mandatario.

5. La posesión puede tenerse en concepto de:

a) Dueño o usufructuario.
b) Dueño o arrendatario.
c) Dueño o tenedor.
d) Propietario o copropietario.

6. Se reputa poseedor de buena fe al que:

a) Posee durante más de un año.
b) Ignora el vicio de su título o modo de adquirir.
c) Tiene justo título inscrito.
d) Posee con autorización judicial.

7. La buena fe en la posesión:

a) Debe probarla siempre el poseedor.
b) No se presume.
c) Se presume mientras no se pruebe lo contrario.
d) Solo existe al inicio de la posesión.

8. La posesión solo puede recaer sobre:

a) Cualquier derecho.
b) Cosas fuera del comercio.
c) Cosas y derechos susceptibles de apropiación.
d) Derechos personalísimos.

9. La posesión se adquiere por:

a) Inscripción registral.
b) Ocupación material o actos legales.
c) Prescripción únicamente.
d) Resolución judicial firme.

10. La posesión adquirida por un tercero sin mandato:

a) Es nula.
b) Produce efectos inmediatos.
c) Requiere ratificación del interesado.
d) Se presume aceptada.

En MADTEST tienes **más preguntas de este tema**, y todos tus avances quedan registrados y se reflejan en el ranking.

¡Supera tus límites con MADTEST!

Solución al test n.º 4

1. c) Una relación de poder del hombre con las cosas.

2. b) La tenencia o disfrute sin *animus domini*.

3. c) La intención de tener la cosa o derecho como propio.

4. c) Por el poseedor o por otra persona en su nombre.

5. c) Dueño o tenedor.

6. b) Ignora el vicio de su título o modo de adquirir.

7. c) Se presume mientras no se pruebe lo contrario.

8. c) Cosas y derechos susceptibles de apropiación.

9. b) Ocupación material o actos legales.

10. c) Requiere ratificación del interesado.

TEST N.º 5

Los derechos reales de garantía: Concepto y clasificación. Hipoteca. Prenda. Hipoteca mobiliaria y prenda sin desplazamiento. Anticresis

1. Los requisitos esenciales de los contratos de prenda e hipoteca se recogen en el artículo:

a) 1.855 CC.
b) 1.856 CC.
c) 1.857 CC.
d) 1.858 CC.

2. En cuanto a los bienes inmuebles adquiridos a título oneroso y de buena fe se recoge en el:

a) Artículo 34 de la Ley Hipotecaria.
b) Artículo 464 del Código Civil.
c) Artículo 1.462 del Código Civil.
d) Artículo 515 del Código Civil.

3. No se pueden hipotecar:

a) Los bienes inmuebles susceptibles de inscripción.
b) Los derechos reales enajenables, con arreglo a las leyes, impuestos sobre los mismos bienes.
c) El uso y la habitación.
d) Los derechos de superficie, pastos, aguas, leñas y otros semejantes de naturaleza real.

4. Pueden ser objeto de hipoteca mobiliaria:

a) Las aeronaves.
b) Los bienes no enajenables.
c) Los que estuvieran en pro indiviso o pertenecieron en usufructo y nuda propiedad a distintos titulares, salvo que medie el consentimiento de todos los partícipes.
d) El derecho real de hipoteca mobiliario.

5. Podrá constituir prenda sin desplazamiento de posesión:

a) Los establecimientos mercantiles.
b) Los automóviles y otros vehículos con motor, así como los tranvías y vagones de ferrocarril de propiedad particular.

c) La maquinaria industrial.

d) Los titulares legítimos de explotaciones agrícolas, forestales y pecuarias, sobre los animales, así como sus crías y productos.

6. Los derechos reales de garantía tienen como finalidad principal:

a) La adquisición de la propiedad del bien.
b) El aseguramiento del cumplimiento de una obligación.
c) El disfrute directo del bien gravado.
d) La transmisión automática del dominio.

7. La hipoteca inmobiliaria se caracteriza porque el bien hipotecado:

a) Pasa a la posesión del acreedor.
b) Permanece en posesión del deudor.
c) Se transmite al Registro de Bienes Muebles.
d) Solo puede recaer sobre derechos personales.

8. La hipoteca es un derecho real de carácter:

a) Principal.
b) Autónomo.
c) Accesorio.
d) Temporal necesariamente.

9. Las hipotecas voluntarias requieren para su válida constitución:

a) Contrato privado únicamente.
b) Escritura pública sin inscripción.
c) Escritura pública e inscripción registral.
d) Solo inscripción registral.

10. Conforme a la Ley Hipotecaria, pueden ser hipotecados:

a) Los bienes muebles no inscribibles.
b) Los derechos personales.
c) Los bienes inmuebles susceptibles de inscripción.
d) El uso y la habitación.

En MADTEST tienes **más preguntas de este tema**, y todos tus avances quedan registrados y se reflejan en el ranking.

¡Supera tus límites con MADTEST!

Solución al test n.º 5

1. c) 1.857 CC.

2. a) Artículo 34 de la Ley Hipotecaria.

3. c) El uso y la habitación.

4. a) Las aeronaves.

5. d) Los titulares legítimos de explotaciones agrícolas, forestales y pecuarias, sobre los animales, así como sus crías y productos.

6. b) El aseguramiento del cumplimiento de una obligación.

7. b) Permanece en posesión del deudor.

8. c) Accesorio.

9. c) Escritura pública e inscripción registral.

10. c) Los bienes inmuebles susceptibles de inscripción.

TEST N.º 6

Las obligaciones: Concepto y clases. Fuentes de las obligaciones. Prueba de las obligaciones. Concurrencia y prelación de créditos. Extinción de las obligaciones. Influencia del tiempo en las relaciones jurídicas

1. Las obligaciones negativas se identifican porque:

a) Exigen una entrega de cosa.
b) Consisten en una omisión del deudor.
c) Suponen una prestación periódica.
d) Requieren pluralidad de sujetos.

2. Las obligaciones duraderas se distinguen porque:

a) Se extinguen en un solo acto.
b) Tienen cumplimiento instantáneo.
c) Se ejecutan de forma periódica o continuada.
d) Carecen de término.

3. Una obligación genérica se cumple:

a) Entregando un objeto individualizado.
b) Mediante una conducta personalísima.
c) Entregando bienes del mismo género.
d) Por un acto único e indivisible.

4. Son obligaciones líquidas aquellas que:

a) Recaen sobre bienes fungibles.
b) Tienen cuantía determinada.
c) Carecen de valor económico.
d) No pueden exigirse judicialmente.

5. La cláusula penal implica que:

a) Sustituye siempre al cumplimiento.
b) Permite exigir pena y cumplimiento conjuntamente.
c) La pena reemplaza a daños e intereses salvo pacto.
d) Libera automáticamente al deudor.

6. Una obligación accesoria se define porque:

a) Tiene existencia autónoma.
b) Carece de finalidad propia.
c) Depende de una obligación principal.
d) Es siempre pecuniaria.

7. La regla general en pluralidad de sujetos es que la obligación sea:

a) Solidaria.
b) Subsidiaria.
c) Mancomunada.
d) Indivisible.

8. Para que exista solidaridad es necesario:

a) Que haya varios acreedores.
b) Que lo determine expresamente la obligación.
c) Que el objeto sea indivisible.
d) Que el acreedor lo solicite.

9. Una obligación pura es aquella que:

a) Está sometida a condición.
b) Tiene término inicial.
c) No contiene condición ni plazo.
d) Depende de un hecho futuro.

10. Las condiciones resolutorias producen efectos:

a) Solo cuando se cumple el hecho.
b) Desde el inicio y cesan al cumplirse la condición.
c) Cuando se cumple la condición.
d) Únicamente si hay mora.

En MADTEST tienes **más preguntas de este tema**, y todos tus avances quedan registrados y se reflejan en el ranking.

¡Supera tus límites con MADTEST!

Solución al test n.º 6

1. b) Consisten en una omisión del deudor.

2. c) Se ejecutan de forma periódica o continuada.

3. c) Entregando bienes del mismo género.

4. b) Tienen cuantía determinada.

5. c) La pena reemplaza a daños e intereses salvo pacto.

6. c) Depende de una obligación principal.

7. c) Mancomunada.

8. b) Que lo determine expresamente la obligación.

9. c) No contiene condición ni plazo.

10. b) Desde el inicio y cesan al cumplirse la condición.

TEST N.º 7

El contrato: Concepto y clases. Elementos de los contratos. Generación, perfección y consumación de los contratos. Ineficacia de los contratos. Interpretación y forma de los contratos

1. El contrato en sentido estricto según el Código Civil se refiere a:

a) Cualquier acuerdo social.
b) Relaciones jurídicas no patrimoniales.
c) Relaciones jurídicas de carácter patrimonial.
d) Actos unilaterales.

2. Son contratos en los que ambas partes asumen obligaciones:

a) Gratuitos.
b) Reales.
c) Bilaterales.
d) Onerosos.

3. Un contrato en el que una parte obtiene una ventaja sin dar nada a cambio es:

a) Oneroso.
b) Consensual.
c) Gratuito.
d) Accesorio.

4. Los contratos que se perfeccionan por el mero consentimiento son:

a) Reales.
b) Solemnes.
c) Consensuales.
d) Accesorios.

5. Un contrato que exige la entrega de la cosa para su perfección es:

a) Consensual.
b) Solemne.
c) Real.
d) Bilateral.

6. Los contratos regulados específicamente por la ley se denominan:

a) Atípicos.
b) Legales.
c) Típicos.
d) Exigibles.

7. Un contrato que solo puede existir vinculado a otro es:

a) Principal.
b) Preparatorio.
c) Accesorio.
d) Subsidiario.

8. Según el artículo 1261 del Código Civil, uno de los elementos esenciales del contrato es:

a) La forma escrita.
b) El consentimiento.
c) La inscripción registral.
d) La publicidad.

9. Carecen de capacidad para prestar consentimiento:

a) Los mayores de edad.
b) Los emancipados.
c) Los menores no emancipados.
d) Los comerciantes.

10. El consentimiento contractual se manifiesta mediante:

a) La *traditio* de la cosa objeto del contrato.
b) La forma escrita.
c) La oferta y la aceptación.
d) La inscripción pública.

En MADTEST tienes **más preguntas de este tema**, y todos tus avances quedan registrados y se reflejan en el ranking.

¡Supera tus límites con MADTEST!

Solución al test n.º 7

1. c) Relaciones jurídicas de carácter patrimonial.

2. c) Bilaterales.

3. c) Gratuito.

4. c) Consensuales.

5. c) Real.

6. c) Típicos.

7. c) Accesorio.

8. b) El consentimiento.

9. c) Los menores no emancipados.

10. c) La oferta y la aceptación.

TEST N.º 8

La compraventa: Concepto y elementos. Contenido de la compraventa. El contrato de arrendamiento: Concepto y clases. El arrendamiento de fincas urbanas. El arrendamiento de fincas rústicas

1. El contrato de compraventa se perfecciona cuando:

a) Uno de los contratantes se obliga a entregar una cosa determinada y el otro a pagar un precio cierto en dinero o signo que lo represente.
b) Se entrega la cosa al comprador.
c) Se inscribe en el Registro de la Propiedad.
d) Se paga la totalidad del precio.

2. Según el Código Civil, pueden celebrar contrato de compraventa:

a) Solo los mayores de edad.
b) Únicamente las personas físicas.
c) Todas las personas a quienes el Código autoriza para obligarse, salvo excepciones legales.
d) Solo quienes tengan capacidad patrimonial plena.

3. No podrán adquirir por compra los bienes de las personas a quienes representen:

a) Los herederos.
b) Los tutores.
c) Los vecinos colindantes.
d) Los arrendatarios.

4. La compraventa requiere para su validez:

a) Escritura pública obligatoria.
b) Forma especial siempre.
c) Inscripción registral previa.
d) No requiere forma especial.

5. La venta hecha a calidad de ensayo o prueba se presume:

a) Nula.
b) Bajo condición resolutoria.
c) Bajo condición suspensiva.
d) Perfecta desde el consentimiento sin condición.

6. Si hubiesen mediado arras, el contrato podrá rescindirse:

a) Solo por el vendedor.
b) Perdiéndolas el comprador o devolviéndolas duplicadas el vendedor.
c) Únicamente por incumplimiento grave.
d) Perdiéndolas el comprador con devolución duplicada en su importe entregado.

7. Si la cosa se pierde totalmente antes de perfeccionarse la venta:

a) El contrato queda sin efecto.
b) El comprador debe pagar el precio.
c) Se transforma en permuta.
d) Se mantiene parcialmente.

8. Si el precio consiste parte en dinero y parte en cosa, se calificará el contrato:

a) Siempre como compraventa.
b) Siempre como permuta.
c) Según la intención manifiesta de los contratantes.
d) Según el valor catastral.

9. El pacto de reserva de dominio es:

a) Una garantía legal.
b) Una garantía convencional.
c) Una condición resolutoria tácita.
d) Un derecho real obligatorio.

10. El derecho de retención del vendedor procede cuando:

a) Ha entregado la cosa y el precio está aplazado.
b) La cosa está en poder del vendedor.
c) El comprador es insolvente tras la entrega.
d) Hay arras penitenciales.

En MADTEST tienes **más preguntas de este tema**, y todos tus avances quedan registrados y se reflejan en el ranking.

¡Supera tus límites con MADTEST!

Solución al test n.º 8

1. a) Uno de los contratantes se obliga a entregar una cosa determinada y el otro a pagar un precio cierto en dinero o signo que lo represente.

2. c) Todas las personas a quienes el Código autoriza para obligarse, salvo excepciones legales.

3. b) Los tutores.

4. d) No requiere forma especial.

5. c) Bajo condición suspensiva.

6. b) Perdiéndolas el comprador o devolviéndolas duplicadas el vendedor.

7. a) El contrato queda sin efecto.

8. c) Según la intención manifiesta de los contratantes.

9. b) Una garantía convencional.

10. b) La cosa está en poder del vendedor.

TEST N.º 9

La donación: Concepto y clases. Elementos de la donación. Efectos de la donación. Revocación y reducción de donaciones. La sucesión «mortis causa»: Concepto y clases. La herencia: Concepto y situaciones en que puede encontrarse la herencia

1. Generalmente aceptada por la doctrina, se entiende perfeccionada una donación:

a) Cuando el donante cede el bien o derecho al donatario.
b) Cuando el donante conoce la aceptación del donatario.
c) Cuando se produce la aceptación por el donatario.
d) Cuando donante y donatario muestran su voluntad de donar y recibir un bien.

2. Es correcta la siguiente afirmación:

a) Para que sea válida la donación de cosa inmueble ha de hacerse en escritura pública.
b) Para que sea válida la donación de cosa inmueble ha de hacerse en escritura pública o privada.
c) Para que sea válida la donación de cosa mueble ha de hacerse en escritura pública.
d) La donación de cosa mueble únicamente podrá hacerse por escrito.

3. En caso de revocación de donaciones por incumplimiento de las condiciones impuestas al donatario:

a) El donatario ha de indemnizar al donante los perjuicios causados, sin necesidad de devolverle el bien donado.
b) El donatario ha de devolver al donante el bien donado, pero no los frutos que hubiera percibido.
c) El donatario ha de devolver, además del bien, los frutos que hubiera percibido desde la interposición de la demanda por el donante.
d) El donatario ha de devolver, además del bien, los frutos que hubiera percibido después de dejar de cumplir la condición.

4. ¿Qué plazo de prescripción tiene la acción para revocar una donación por supervivencia o superveniencia de hijos del art. 644 CC?

a) Un año.
b) Tres años.
c) Cuatro años.
d) Cinco años.

5. Sólo pueden pedir la reducción de donaciones:

a) Aquellos que tengan derecho a legítima o a una parte alícuota de la herencia, y sus herederos o causahabientes.

b) Aquellos que tengan derecho a legítima y sus herederos o causahabientes.

c) Además de los recogidos en la letra a), los donatarios, los legatarios que no lo sean de parte alícuota y los acreedores del difunto.

d) Además de los recogidos en la letra b), los acreedores del difunto.

6. La donación se diferencia de otros negocios jurídicos por su carácter:

a) Bilateralmente oneroso.

b) Gratuito y liberal.

c) Aleatorio.

d) Conmutativo.

7. En las donaciones remuneratorias el servicio prestado:

a) Debe constituir deuda exigible.

b) Tiene carácter obligatorio.

c) No puede ser jurídicamente reclamable.

d) Ha de constar por escrito.

8. Las donaciones con causa onerosa se rigen:

a) Exclusivamente por el régimen de la donación.

b) Solo por las normas de la sucesión.

c) Por las reglas de los contratos.

d) Por el derecho de familia.

9. Las donaciones *inter vivos* se someten supletoriamente:

a) A las normas de la sucesión intestada.

b) A las disposiciones de los contratos y obligaciones.

c) Al derecho hereditario.

d) A la costumbre.

10. Las donaciones *mortis causa* producen efectos:

a) Desde su aceptación.

b) Desde el otorgamiento.

c) Desde la muerte del donante.

d) Desde la inscripción registral.

En MADTEST tienes **más preguntas de este tema**, y todos tus avances quedan registrados y se reflejan en el ranking.

¡Supera tus límites con MADTEST!

Solución al test n.º 9

1. b) Cuando el donante conoce la aceptación del donatario.

2. a) Para que sea válida la donación de cosa inmueble ha de hacerse en escritura pública.

3. d) El donatario ha de devolver, además del bien, los frutos que hubiera percibido después de dejar de cumplir la condición.

4. d) Cinco años.

5. a) Aquellos que tengan derecho a legítima o a una parte alícuota de la herencia, y sus herederos o causahabientes.

6. b) Gratuito y liberal.

7. c) No puede ser jurídicamente reclamable.

8. c) Por las reglas de los contratos.

9. b) A las disposiciones de los contratos y obligaciones.

10. c) Desde la muerte del donante.

TEST N.º 10

Aceptación de la herencia. Heredero y legatario. Derecho de acrecer. Colación y partición de la herencia. La sucesión testamentaria: Concepto, caracteres y clases de testamentos. Sucesión forzosa. La sucesión intestada. Desheredación. Preterición

1. No es característica esencial de la aceptación y repudiación de la herencia:

a) Su divisibilidad.
b) Su irrevocabilidad.
c) Su unilateralidad.
d) Su retroactividad.

2. Uno de los efectos de la aceptación de la herencia a beneficio de inventario es, según el art. 1.023 CC:

a) El heredero queda obligado a pagar las deudas y demás cargas de la herencia con los bienes de la misma y los suyos propios.
b) El heredero no queda obligado a pagar las deudas y demás cargas de la herencia sino hasta donde alcancen los bienes de la misma.
c) Se confunden los bienes particulares del heredero con los que pertenecen a la herencia.
d) El heredero no conserva contra el caudal hereditario todos los derechos y acciones que tuviera contra el difunto.

3. Para que se produzca la caducidad del testamento marítimo ha de pasar el siguiente período de tiempo a contar desde que el testador desembarque en un punto donde pueda testar en la forma ordinaria:

a) Un mes.
b) Tres meses.
c) Cuatro meses.
d) Seis meses.

4. En relación con el orden de llamamiento en la sucesión intestada, en primer lugar, se sitúan:

a) Ascendientes.
b) Descendientes.
c) Cónyuge viudo.
d) Hermanos.

5. Establece el CC que, en el testamento abierto, cuando el testador declare que no sabe o no puede firmar el testamento, será necesario que concurran al acto de su otorgamiento:

a) Un testigo.
b) Dos testigos.
c) Tres testigos.
d) Ningún testigo al tratarse de un testamento abierto.

6. Las herencias se dividen, en principio:

a) En tercios.
b) En mitades.
c) En cuartos.
d) No existe ninguna división previa.

7. La "legítima" del cónyuge viudo/a, concurriendo descendientes, es:

a) El usufructo de la mitad.
b) La nuda propiedad del tercio de libre disposición.
c) El usufructo del tercio de libre disposición.
d) El usufructo del tercio de mejora.

8. Sobreviviendo el cónyuge supérstite, y concurriendo sólo con ascendientes, la "legítima" sería:

a) El usufructo de la mitad de la herencia.
b) El pleno dominio del tercio de libre disposición.
c) El usufructo del tercio de libre disposición.
d) El pleno dominio de la mejora.

9. Con relación al testamento, indique cuál de las siguientes afirmaciones no es cierta:

a) El testamento nunca puede hacerse por medio de comisario o mandatario, incluso en caso de incapacidad.
b) Es nulo si hubiere mediado dolo.
c) El matrimonio, casado en régimen económico de gananciales, puede testar conjuntamente en un testamento.
d) Se pude revocar en cualquier momento.

10. No pueden testar:

a) Los menores de 18 años.
b) Los que no se hallen en su cabal juicio.
c) Los menores de 16 años.
d) Los menores de 14 años.

En MADTEST tienes **más preguntas de este tema**, y todos tus avances quedan registrados y se reflejan en el ranking.

¡Supera tus límites con MADTEST!

Solución al test n.º 10

1. a) Su divisibilidad.

2. b) El heredero no queda obligado a pagar las deudas y demás cargas de la herencia sino hasta donde alcancen los bienes de la misma.

3. c) Cuatro meses.

4. b) Descendientes.

5. b) Dos testigos.

6. a) En tercios.

7. d) El usufructo del tercio de mejora.

8. a) El usufructo de la mitad de la herencia.

9. c) El matrimonio, casado en régimen económico de gananciales, puede testar conjuntamente en un testamento.

10. d) Los menores de 14 años.

La contabilidad mercantil. Contabilidad formal: Libros obligatorios. Requisitos de los libros. Eficacia probatoria. Comunicación y exhibición de los libros. Contabilidad material: Cuentas anuales. Verificación, auditoría y depósito de cuentas

1. Según el Código de Comercio, ¿cuáles son los libros obligatorios para todo empresario?

a) El Libro Diario y el Libro de Actas.
b) El Libro de Inventarios y Cuentas Anuales y el Libro Diario.
c) El Libro Mayor y el Libro de Registro de Socios.
d) El Libro de Caja y el Libro de Facturas Emitidas.

2. ¿Quién debe llevar la contabilidad de la empresa según la normativa vigente?

a) Exclusivamente un auditor de cuentas inscrito en el ROAC.
b) El empresario directamente o personas debidamente autorizadas, sin perjuicio de la responsabilidad del empresario.
c) La Agencia Tributaria.
d) Un Notario público.

3. ¿Cuál es el plazo obligatorio de conservación de los libros y documentos contables según el Código de Comercio?

a) 4 años (plazo de prescripción fiscal).
b) 5 años.
c) 6 años a partir del último asiento realizado.
d) 10 años.

4. En caso de fallecimiento del empresario, ¿quién tiene la obligación de conservar los libros contables?

a) Nadie, la obligación se extingue.
b) El Registro Mercantil.
c) Sus herederos.
d) El contable de la empresa.

5. ¿Qué plazo establece la ley para la legalización de los libros contables en el Registro Mercantil?

a) Antes de que transcurran 3 meses desde el cierre del ejercicio.
b) Antes de que transcurran 4 meses desde la fecha de cierre del ejercicio.
c) Dentro de los 6 meses siguientes al cierre.
d) En cualquier momento antes de presentar el Impuesto de Sociedades.

6. Según el artículo 28 del Código de Comercio, el Libro de Inventarios y Cuentas Anuales se abrirá con:

a) El balance de comprobación de sumas y saldos.
b) El balance inicial detallado de la empresa.
c) La cuenta de pérdidas y ganancias.
d) El asiento de apertura del Libro Diario.

7. ¿Con qué periodicidad deben transcribirse los balances de comprobación de sumas y saldos al Libro de Inventarios y Cuentas Anuales?

a) Mensualmente.
b) Semestralmente.
c) Al menos trimestralmente.
d) Anualmente.

8. En el Libro Diario se registran las operaciones día a día, pero ¿es válida la anotación conjunta de totales?

a) No, está prohibido.
b) Sí, por periodos no superiores al mes.
c) Sí, por periodos no superiores al trimestre, siempre que su detalle aparezca en otros libros o registros concordantes.
d) Sí, por periodos anuales.

9. ¿Qué requisito formal intrínseco NO es correcto según el Código de Comercio?

a) Los libros deben llevarse con claridad y por orden de fechas.
b) Se permiten tachaduras y raspaduras si se firma al lado.
c) No puede haber espacios en blanco ni interpolaciones.
d) Los valores deben expresarse en euros.

10. Según el artículo 32 del C. Comercio, el principio general sobre la información contable de los empresarios es que esta es:

a) Pública y de libre acceso para cualquier ciudadano.
b) Secreta, sin perjuicio de lo que se derive de lo dispuesto en las leyes (secreto contable).
c) Solo es accesible para la competencia.
d) Secreta solo para Hacienda.

En MADTEST tienes **más preguntas de este tema**, y todos tus avances quedan registrados y se reflejan en el ranking.

¡Supera tus límites con MADTEST!

Solución al test n.º 11

1. b) El Libro de Inventarios y Cuentas Anuales y el Libro Diario.

2. b) El empresario directamente o personas debidamente autorizadas, sin perjuicio de la responsabilidad del empresario.

3. c) 6 años a partir del último asiento realizado.

4. c) Sus herederos.

5. b) Antes de que transcurran 4 meses desde la fecha de cierre del ejercicio.

6. b) El balance inicial detallado de la empresa.

7. c) Al menos trimestralmente.

8. c) Sí, por periodos no superiores al trimestre, siempre que su detalle aparezca en otros libros o registros concordantes.

9. b) Se permiten tachaduras y raspaduras si se firma al lado.

10. b) Secreta, sin perjuicio de lo que se derive de lo dispuesto en las leyes (secreto contable).

TEST N.º 12

**La empresa mercantil. El empresario individual: Capacidad y prohibiciones.
Prueba, adquisición y pérdida de la cualidad de empresario.
Ejercicio del comercio por persona casada. El empresario extranjero.
El registro mercantil**

1. La empresa mercantil se caracteriza jurídicamente por ser:

a) Una simple acumulación de bienes.
b) Un modo de actividad económica organizada.
c) Un contrato entre empresario y trabajadores.
d) Un establecimiento con personalidad jurídica.

2. Desde el punto de vista económico, la empresa se define como:

a) Una organización administrativa del mercado.
b) Una organización de capital y trabajo para producir o intermediar bienes y servicios.
c) Un conjunto de contratos mercantiles.
d) Una unidad patrimonial autónoma.

3. El establecimiento mercantil se diferencia de la empresa porque:

a) Tiene personalidad jurídica propia.
b) Es el instrumento material al servicio de la actividad.
c) Solo existe en empresas comerciales.
d) Solo existe en empresas industriales.

4. Uno de los soportes fundamentales de la empresa en sentido jurídico es:

a) El capital social.
b) El contrato mercantil.
c) El empresario como sujeto organizador.
d) La clientela exclusivamente.

5. La transmisión *inter vivos* de la empresa mercantil se considera:

a) Una donación especial.
b) Una sucesión universal.
c) Una compraventa especial por razón de su objeto.
d) Un arrendamiento de industria.

6. Para que exista transmisión de empresa *inter vivos* es necesario que:

a) Se transmitan solo bienes inmuebles.
b) Se transmitan elementos aislados.
c) Se transmitan todos o una parte sustancial con vida independiente.
d) Se excluya el fondo de comercio.

7. La transmisión *mortis causa* de la empresa puede plantear problemas relacionados con:

a) La inexistencia de herederos.
b) La continuidad de la explotación.
c) La falta de inscripción registral.
d) La imposibilidad de inventario.

8. El artículo 1.056 del Código Civil se utiliza como solución para:

a) Extinguir la empresa heredada.
b) Dividir el establecimiento mercantil.
c) Conservar indivisa la empresa.
d) Liquidar las deudas mercantiles.

9. Según el Código de Comercio, son comerciantes quienes:

a) Realizan actos mercantiles ocasionales.
b) Ejercen el comercio por cuenta ajena.
c) Se dedican habitualmente al comercio con capacidad legal.
d) Poseen un establecimiento abierto al público.

10. El empresario individual debe actuar:

a) Siempre mediante representante.
b) En nombre propio como *dominus negoti*.
c) Bajo autorización administrativa.
d) Exclusivamente por medio de apoderado.

En MADTEST tienes **más preguntas de este tema**, y todos tus avances quedan registrados y se reflejan en el ranking.

¡Supera tus límites con MADTEST!

Solución al test n.º 12

1. b) Un modo de actividad económica organizada.

2. b) Una organización de capital y trabajo para producir o intermediar bienes y servicios.

3. b) Es el instrumento material al servicio de la actividad.

4. c) El empresario como sujeto organizador.

5. c) Una compraventa especial por razón de su objeto.

6. c) Se transmitan todos o una parte sustancial con vida independiente.

7. b) La continuidad de la explotación.

8. c) Conservar indivisa la empresa.

9. c) Se dedican habitualmente al comercio con capacidad legal.

10. b) En nombre propio como *dominus negoti*.

TEST N.º 13

Las sociedades mercantiles: Concepto y clasificación. Requisitos de constitución de las sociedades mercantiles. La sociedad irregular. Nacionalidad de las sociedades. Las sociedades colectivas y comanditarias

1. El artículo 116 del Código de Comercio califica como mercantil el contrato de compañía cuando:

a) El objeto sea mercantil.
b) Exista ánimo de lucro.
c) Se constituya conforme a dicho Código.
d) Se inscriba en el Registro Mercantil.

2. La definición de sociedad del artículo 1.665 del Código Civil destaca especialmente:

a) La personalidad jurídica.
b) La inscripción registral.
c) La puesta en común de bienes o industria.
d) La forma mercantil.

3. Las sociedades civiles con forma mercantil se rigen, con carácter general, por:

a) El Código Civil exclusivamente.
b) El Código de Comercio en estructura y funcionamiento.
c) La voluntad de los socios.
d) La Ley de Sociedades de Capital.

4. En las sociedades civiles con forma mercantil, la responsabilidad de los socios se rige normalmente por:

a) El régimen mancomunado.
b) La limitación legal.
c) La solidaridad propia de la colectiva.
d) El pacto estatutario.

5. El artículo 122 del Código de Comercio contiene:

a) Un numerus clausus de sociedades mercantiles.
b) Una clasificación general de sociedades.

c) Una definición de empresario.
d) El régimen de responsabilidad.

6. La sociedad colectiva se considera una sociedad:

a) Capitalista.
b) Mixta.
c) Personalista.
d) Cooperativa.

7. En la sociedad comanditaria simple, los socios comanditarios:

a) Gestionan la sociedad.
b) Responden ilimitadamente.
c) Tienen responsabilidad limitada.
d) Pueden usar la firma social.

8. La sociedad comanditaria por acciones se caracteriza porque:

a) Todos los socios son gestores.
b) El capital no está dividido.
c) El capital se divide en acciones.
d) Carece de administradores.

9. Las sociedades de responsabilidad limitada se caracterizan porque:

a) Sus socios responden personalmente.
b) El capital se divide en acciones.
c) El capital se divide en participaciones.
d) Son siempre personalistas.

10. La distinción entre sociedades personalistas y capitalistas atiende principalmente a:

a) El número de socios.
b) El objeto social.
c) La relevancia de la persona del socio o del capital.
d) La nacionalidad.

En MADTEST tienes **más preguntas de este tema**, y todos tus avances quedan registrados y se reflejan en el ranking.

¡Supera tus límites con MADTEST!

Solución al test n.º 13

1. c) Se constituya conforme a dicho Código.

2. c) La puesta en común de bienes o industria.

3. b) El Código de Comercio en estructura y funcionamiento.

4. c) La solidaridad propia de la colectiva.

5. b) Una clasificación general de sociedades.

6. c) Personalista.

7. c) Tienen responsabilidad limitada.

8. c) El capital se divide en acciones.

9. c) El capital se divide en participaciones.

10. c) La relevancia de la persona del socio o del capital.

TEST N.º 14

Las sociedades de capital: Concepto y régimen jurídico. Constitución: Escritura pública e inscripción. Los estatutos. Acciones y obligaciones. La junta general y la administración de la sociedad

1. El capital social de la sociedad de responsabilidad limitada (SRL) no puede ser inferior a:

a) 3.000 €.
b) 6.000 €.
c) 9.000 €.
d) El capital social no tiene límite cuantitativo mínimo.

2. La escritura de constitución de la SRL debe presentarse a inscripción en el Registro Mercantil del domicilio social en el plazo de:

a) Un mes desde su otorgamiento.
b) Dos meses desde su otorgamiento.
c) Seis meses desde su otorgamiento.
d) Doce meses desde su otorgamiento.

3. La sociedad de responsabilidad limitada adquiere personalidad jurídica desde:

a) El otorgamiento de la escritura pública.
b) La inscripción en el Registro Mercantil.
c) El desembolso del capital.
d) La aprobación de los estatutos.

4. Las participaciones sociales en la SRL se caracterizan por:

a) Ser libremente transmisibles.
b) Tener la consideración de valores.
c) No poder representarse mediante títulos.
d) Cotizar en mercados secundarios.

5. En la denominación de la Compañía deberá figurar necesariamente la indicación:

a) Sociedad de Responsabilidad Limitada.
b) Sociedad Limitada.

c) Sus abreviaturas «SRL» o «SL».
d) Cualquiera de las opciones señaladas.

6. Las participaciones son:

a) Divisibles.
b) No acumulables.
c) Los socios nunca tienen los mismos derechos.
d) No tendrán el carácter de valores.

7. En la escritura de constitución de cualquier sociedad de capital se incluirá:

a) La identidad del socio o socios.
b) Las aportaciones que cada socio realice o, en el caso de las anónimas, se haya obligado a realizar, y la numeración de las participaciones o de las acciones atribuidas a cambio.
c) Los estatutos de la sociedad.
d) Todas las respuestas anteriores son correctas.

8. En la sociedad limitada, no es cierto que:

a) Las operaciones sociales darán comienzo en la fecha de otorgamiento de la escritura de constitución.
b) La sociedad siempre tendrá duración definida.
c) Se podrán incluir todos los pactos y condiciones que los socios fundadores juzguen conveniente establecer, siempre que no se opongan a las leyes ni contradigan los principios configuradores del tipo social elegido.
d) Los fundadores responderán solidariamente frente a la sociedad.

9. Es competencia de la Junta General:

a) La aprobación de las cuentas anuales, la aplicación del resultado y la aprobación de la gestión social.
b) La modificación de los estatutos sociales.
c) El aumento y la reducción del capital social.
d) Todas las respuestas anteriores son correctas.

10. Con relación al aumento del capital de la sociedad de responsabilidad limitada por compensación de créditos:

a) Los créditos deben ser totalmente líquidos, aunque no es preciso que sean exigibles.
b) Al tiempo de la convocatoria de la junta general no se pondrá a disposición de los socios en el domicilio social un informe del órgano de administración sobre la naturaleza y características de los créditos a compensar, la identidad de los aportantes, el número de participaciones sociales o de acciones que hayan de crearse o emitirse y la cuantía del aumento, en el que expresamente se hará constar la concordancia de los datos relativos a los créditos con la contabilidad social.

c) En el anuncio de convocatoria de la junta general, deberá hacerse constar el derecho que corresponde a todos los socios de examinar en el domicilio social el informe de los administradores.

d) El informe de los administradores no es preciso que se incorpore a la escritura pública que documente la ejecución del aumento.

En MADTEST tienes **más preguntas de este tema**, y todos tus avances quedan registrados y se reflejan en el ranking.

¡Supera tus límites con MADTEST!

Solución al test n.º 14

1. a) 3.000 €.

2. b) Dos meses desde su otorgamiento.

3. b) La inscripción en el Registro Mercantil.

4. c) No poder representarse mediante títulos.

5. d) Cualquiera de las opciones señaladas.

6. d) No tendrán el carácter de valores.

7. d) Todas las respuestas anteriores son correctas.

8. b) La sociedad siempre tendrá duración definida.

9. d) Todas las respuestas anteriores son correctas.

10. c) En el anuncio de convocatoria de la junta general, deberá hacerse constar el derecho que corresponde a todos los socios de examinar en el domicilio social el informe de los administradores.

TEST N.º 15

La disolución de las sociedades mercantiles. Liquidación y división. Transformación, fusión y escisión de las sociedades mercantiles

1. No es causa de disolución de la SRL:

a) La conclusión de la empresa que constituye su objeto.
b) La reducción del capital social por debajo del mínimo legal.
c) La falta de ejercicio de la actividad que constituye el objeto social durante cinco años consecutivos.
d) La imposibilidad manifiesta de conseguir el fin social.

2. De acuerdo con la Ley, la sociedad de capital deberá disolverse:

a) Por la conclusión de la empresa que constituya su objeto.
b) Por la imposibilidad factible de conseguir el fin social.
c) Por pérdidas que dejen reducido el patrimonio neto a una cantidad inferior a la tercera parte del capital social.
d) Porque el valor nominal de las participaciones sociales sin voto o de las acciones sin voto excediera de la mitad del capital social desembolsado y no se restableciera la proporción en el plazo de un año.

3. El plazo de los liquidadores para formular un inventario y un balance de la sociedad con referencia al día en que se hubiera disuelto es de:

a) 15 días.
b) 1 mes.
c) 3 meses.
d) 6 meses.

4. La disolución de una sociedad mercantil implica:

a) La suspensión temporal de su actividad.
b) La extinción inmediata de su personalidad jurídica.
c) La apertura del período de liquidación.
d) La cancelación automática en el Registro Mercantil.

5. La inscripción de la disolución en el Registro Mercantil tiene como finalidad principal:

a) Liquidar el patrimonio social.
b) Proteger a los socios frente a terceros.
c) Surtir efectos frente a terceros.
d) Extinguir las deudas sociales.

6. La reactivación de una sociedad disuelta requiere que:

a) No haya comenzado el reparto del haber social.
b) Exista unanimidad entre los socios.
c) Lo autoricen los acreedores sociales.
d) Se haya extinguido la personalidad jurídica.

7. La disolución de pleno derecho se caracteriza porque:

a) Exige acuerdo previo de la junta general.
b) Requiere resolución judicial.
c) Se produce automáticamente por la ley.
d) Necesita publicación en el BOE.

8. El transcurso del plazo de duración fijado en estatutos provoca:

a) Suspensión de la actividad social.
b) Disolución de pleno derecho.
c) Reducción automática del capital.
d) Transformación obligatoria de la sociedad.

9. La declaración de concurso de una sociedad de capital:

a) Produce siempre su disolución.
b) No constituye por sí sola causa de disolución.
c) Extingue la personalidad jurídica.
d) Implica la cancelación registral inmediata.

10. La apertura de la fase de liquidación en el concurso:

a) Suspende la actividad social.
b) Produce la disolución de pleno derecho.
c) Exige acuerdo de la junta general.
d) Permite la reactivación automática.

En MADTEST tienes **más preguntas de este tema**, y todos tus avances quedan registrados y se reflejan en el ranking.

¡Supera tus límites con MADTEST!

Solución al test n.º 15

1. c) La falta de ejercicio de la actividad que constituye el objeto social durante cinco años consecutivos.

2. a) Por la conclusión de la empresa que constituya su objeto.

3. c) 3 meses.

4. c) La apertura del período de liquidación.

5. c) Surtir efectos frente a terceros.

6. a) No haya comenzado el reparto del haber social.

7. c) Se produce automáticamente por la ley.

8. b) Disolución de pleno derecho.

9. b) No constituye por sí sola causa de disolución.

10. b) Produce la disolución de pleno derecho.

TEST N.º 16

Los títulos valores: Concepto y clasificación. Los títulos nominativos, a la orden, al portador y de tradición. La letra de cambio: Concepto y requisitos formales. El endoso. La aceptación. El pago de la letra. Las excepciones cambiarias

1. Los títulos valores, por la incidencia de la relación subyacente o causal, pueden ser:

a) Títulos causales y títulos abstractos.
b) Títulos completos e incompletos o de remisión.
c) Títulos públicos y privados y títulos nacionales y extranjeros.
d) Títulos principales y títulos accesorios.

2. Ley Cambiaria y del Cheque es de:

a) 17 de octubre de 1993.
b) 16 de junio de 1958.
c) 16 de julio de 1985.
d) 21 de febrero de 1982.

3. La Ley Cambiaria y del Cheque regula como títulos cambiarios:

a) La letra de cambio, el pagaré y el cheque.
b) La letra de cambio y el recibo.
c) El pagaré y la factura.
d) El cheque y el contrato bancario.

4. Según la Ley Cambiaria, la letra de cambio incorpora:

a) Una promesa de pago.
b) Un mandato puro y simple de pagar.
c) Una garantía bancaria.
d) Un reconocimiento de deuda.

5. La letra de cambio deberá contener, entre otros:

a) La denominación de letra de cambio inserta en el texto mismo del título expresada en el idioma empleado para su redacción.
b) El lugar en que se ha de efectuar el pago.

c) La indicación del vencimiento.
d) Todas las respuestas anteriores son correctas.

6. No se considera letra de cambio el documento que carezca del siguiente requisito:

a) El nombre del librado.
b) El vencimiento.
c) El lugar de pago.
d) El domicilio del librado.

7. La letra de cambio cuyo vencimiento no esté expresado:

a) No se considerará letra de cambio.
b) Se entiende endosada.
c) Se considerará pagadera a la vista.
d) Ninguna de las respuestas anteriores es correcta.

8. La letra de cambio que no indique el lugar de su emisión:

a) No se considerará letra de cambio.
b) Se considerará librada en el lugar designado junto al nombre de librador.
c) Se considerará librada en el lugar designado junto al nombre de librado.
d) Se considerará librada en el lugar designado junto al nombre de avalista. Si no lo hubiera el del endosatario, y en su defecto, el del librado.

9. La falta de aceptación de la letra de cambio permite al tenedor ejercitar:

a) La acción directa.
b) La acción de regreso.
c) La acción causal.
d) La acción de enriquecimiento.

10. Conforme a la Ley Cambiaria, la aceptación de la letra debe realizarse:

a) Mediante documento separado.
b) En el propio título.
c) De forma verbal.
d) Ante notario.

En MADTEST tienes **más preguntas de este tema**, y todos tus avances quedan registrados y se reflejan en el ranking.

¡Supera tus límites con MADTEST!

Solución al test n.º 16

1. a) Títulos causales y títulos abstractos.

2. c) 16 de julio de 1985.

3. a) La letra de cambio, el pagaré y el cheque.

4. b) Un mandato puro y simple de pagar.

5. d) Todas las respuestas anteriores son correctas.

6. a) El nombre del librado.

7. c) Se considerará pagadera a la vista.

8. d) Se considerará librada en el lugar designado junto al nombre de avalista. Si no lo hubiera el del endosatario, y en su defecto, el del librado.

9. b) La acción de regreso.

10. b) En el propio título.

TEST N.º 17

Las obligaciones mercantiles: Características generales. Los contratos mercantiles: Concepto y clases. Perfección, forma y prueba de los contratos mercantiles. Influencia de la alteración de las circunstancias en los contratos mercantiles. La prescripción en el Derecho Mercantil

1. Según el Código de Comercio, una obligación mercantil consiste en:

a) Un acto unilateral sin efectos jurídicos.
b) Dar, hacer o no hacer algo derivado de un acto de comercio.
c) Un compromiso moral entre comerciantes.
d) Un contrato formalizado ante notario.

2. El artículo 61 del Código de Comercio establece que:

a) El juez puede conceder plazos de gracia.
b) No se reconocen términos de gracia no pactados.
c) Siempre cabe prórroga judicial.
d) Se aplican las normas civiles sin excepción.

3. La finalidad de excluir los términos de gracia en obligaciones mercantiles es:

a) Proteger al deudor.
b) Facilitar la intervención judicial.
c) Garantizar la seguridad y celeridad del tráfico mercantil.
d) Favorecer la autonomía de la voluntad.

4. Las obligaciones mercantiles sin plazo prefijado serán exigibles:

a) Inmediatamente.
b) A los cinco días.
c) A los diez días si producen acción ordinaria.
d) Al mes siguiente.

5. Las obligaciones mercantiles que lleven aparejada ejecución serán exigibles:

a) A los diez días.
b) Al día inmediato.
c) Tras requerimiento judicial.
d) Al mes de su celebración.

6. En las obligaciones mercantiles con día señalado:

a) La mora exige interpelación.
b) La mora se produce automáticamente al vencimiento.
c) No existe mora.
d) Depende del pacto posterior.

7. El principio que rige la mora mercantil es el de:

a) Interpelación.
b) Buena fe.
c) Vencimiento.
d) Equidad.

8. La compraventa mercantil se define como:

a) La venta de bienes inmuebles.
b) La compra de bienes para consumo.
c) La compra de cosas muebles para revender con ánimo de lucro.
d) La transmisión gratuita de bienes.

9. No tiene carácter mercantil la compraventa:

a) De bienes muebles para reventa.
b) De productos industriales.
c) De bienes para consumo propio.
d) Realizada por un empresario.

10. Son elementos esenciales del contrato mercantil:

a) Precio, forma y plazo.
b) Consentimiento, objeto y causa.
c) Escritura pública y registro.
d) Capacidad y publicidad.

En MADTEST tienes **más preguntas de este tema**, y todos tus avances quedan registrados y se reflejan en el ranking.

¡Supera tus límites con MADTEST!

Solución al test n.º 17

1. b) Dar, hacer o no hacer algo derivado de un acto de comercio.

2. b) No se reconocen términos de gracia no pactados.

3. c) Garantizar la seguridad y celeridad del tráfico mercantil.

4. c) A los diez días si producen acción ordinaria.

5. b) Al día inmediato.

6. b) La mora se produce automáticamente al vencimiento.

7. c) Vencimiento.

8. c) La compra de cosas muebles para revender con ánimo de lucro.

9. c) De bienes para consumo propio.

10. b) Consentimiento, objeto y causa.

TEST N.º 18

El concurso: Presupuesto subjetivo y objetivo. El auto de declaración de concurso. Efectos sobre acreedores, créditos y contratos. Determinación de la masa activa, masa pasiva y los créditos contra la masa. El convenio: Contenido y sus efectos. Efectos de la apertura de la fase de liquidación. Las causas de conclusión del concurso. La calificación del concurso

1. El concurso de acreedores se regula actualmente por:

a) La Ley 22/2003, de 9 de julio.
b) El Código de Comercio.
c) El Real Decreto Legislativo 1/2020, de 5 de mayo.
d) La Ley de Enjuiciamiento Civil.

2. El presupuesto subjetivo del concurso hace referencia a:

a) La existencia de créditos vencidos.
b) La condición del deudor como sujeto concursable.
c) La clasificación de los acreedores.
d) La cuantía del pasivo.

3. El presupuesto objetivo del concurso es:

a) La falta de liquidez temporal.
b) El incumplimiento contractual.
c) La insolvencia del deudor.
d) La cesación de pagos declarada judicialmente.

4. Existe insolvencia actual cuando el deudor:

a) Prevé dificultades futuras.
b) No puede cumplir regularmente sus obligaciones exigibles.
c) Tiene deudas a largo plazo.
d) Solicita un acuerdo extrajudicial.

5. La insolvencia inminente se produce cuando el deudor:

a) Ha dejado de pagar salarios.
b) Tiene embargos en curso.

c) Prevé que no podrá cumplir sus obligaciones.
d) Ha sido declarado insolvente.

6. Están legitimados para solicitar la declaración de concurso:

a) Solo el deudor.
b) Solo los acreedores públicos.
c) El deudor y cualquiera de sus acreedores.
d) Únicamente la administración concursal.

7. No está legitimado para solicitar el concurso:

a) El socio personalmente responsable.
b) El acreedor con crédito vencido.
c) El acreedor que adquirió el crédito tras su vencimiento.
d) El Ministerio Fiscal.

8. El auto de declaración de concurso lo dicta:

a) El registrador mercantil.
b) La administración concursal.
c) El juez competente.
d) El letrado de la administración de justicia.

9. La declaración de concurso produce efectos:

a) Solo sobre el deudor.
b) Solo sobre los acreedores.
c) Sobre el deudor, los acreedores y los contratos.
d) Únicamente sobre los contratos en vigor.

10. Tras la declaración de concurso, los acreedores:

a) Pueden iniciar ejecuciones individuales.
b) Deben acudir al procedimiento concursal.
c) Conservan todas sus acciones separadas.
d) Solo pueden reclamar intereses.

En MADTEST tienes **más preguntas de este tema**, y todos tus avances quedan registrados y se reflejan en el ranking.

¡Supera tus límites con MADTEST!

Solución al test n.º 18

1. c) El Real Decreto Legislativo 1/2020, de 5 de mayo.

2. b) La condición del deudor como sujeto concursable.

3. c) La insolvencia del deudor.

4. b) No puede cumplir regularmente sus obligaciones exigibles.

5. c) Prevé que no podrá cumplir sus obligaciones.

6. c) El deudor y cualquiera de sus acreedores.

7. c) El acreedor que adquirió el crédito tras su vencimiento.

8. c) El juez competente.

9. c) Sobre el deudor, los acreedores y los contratos.

10. b) Deben acudir al procedimiento concursal.

TEST N.º 19

La actividad económica. Sistemas económicos. Tipos de organización de la actividad económica. Funciones de un sistema económico

1. ¿Cómo se define la Economía en esencial?

a) Es el estudio de cómo hacerse rico rápidamente en la bolsa.
b) Es la ciencia que estudia la asignación de recursos escasos para satisfacer las necesidades humanas.
c) Es el análisis exclusivo de las empresas multinacionales.
d) Es la ciencia que estudia los bienes libres e ilimitados.

2. ¿Cuál es la diferencia fundamental entre bienes libres y bienes económicos?

a) Los bienes libres son escasos y los económicos son ilimitados.
b) Los bienes económicos son gratuitos y los libres tienen precio.
c) Los bienes libres no son escasos ni tienen precio; los económicos son escasos, deseados y tienen precio.
d) No existe diferencia, ambos se estudian igual en economía.

3. En la actividad económica, clásicamente se definen tres problemas fundamentales. ¿Cuáles son?

a) Dónde comprar, cuándo vender y cuánto ahorrar.
b) Qué producir, cómo producir y para quién producir.
c) Quién manda, cuánto gana y dónde vive.
d) Qué importar, cómo exportar y cuándo invertir.

4. Dentro de los factores productivos, ¿qué entendemos por "Capital"?

a) El dinero en efectivo que tienen los bancos.
b) Los recursos naturales como el agua y el petróleo.
c) El factor trabajo y las habilidades humanas.
d) Los bienes duraderos previamente elaborados (máquinas, ordenadores) que sirven para fabricar otros bienes.

5. El problema económico de "¿Cómo producir?" se relaciona directamente con:

a) La tecnología y la combinación de factores productivos.
b) La elección de los consumidores finales.

c) La distribución de la renta entre las familias.

d) La decisión de qué bienes se deben fabricar primero.

6. ¿Qué representa la Frontera de Posibilidades de Producción (FPP)?

a) El límite geográfico donde termina la actividad económica de un país.

b) Las cantidades máximas de producción que puede obtener una economía usando todos sus recursos disponibles.

c) La cantidad mínima de productos necesaria para que la población no pase hambre.

d) El presupuesto anual del Estado para gastos públicos.

7. Si en un gráfico de la FPP nos encontramos en un punto interior (por debajo de la curva), significa que:

a) La producción es inalcanzable.

b) La economía está en su máximo potencial.

c) Existe ineficiencia, ya que no se utilizan todos los recursos disponibles.

d) Se ha alcanzado el Óptimo de Pareto.

8. ¿Qué es el coste de oportunidad?

a) El precio de venta al público de un producto.

b) El coste total de producción de una fábrica.

c) La relación entre lo que elegimos y aquello a lo que renunciamos al tomar una decisión.

d) Los impuestos que se pagan por realizar una actividad económica.

9. En el proceso de decisión, ¿qué intentan maximizar los consumidores?

a) Su satisfacción o utilidad, teniendo en cuenta su renta.

b) El beneficio monetario de las empresas.

c) La cantidad de impuestos que pagan.

d) El coste de producción de los bienes.

10. ¿Cómo se define el "Óptimo de Pareto"?

a) Una situación donde todos ganan siempre.

b) Aquella situación en la que nadie puede mejorar si no es a costa de que otro empeore.

c) Cuando el Estado reparte el dinero a partes iguales.

d) Una situación de ineficiencia económica.

En MADTEST tienes **más preguntas de este tema**, y todos tus avances quedan registrados y se reflejan en el ranking.

¡Supera tus límites con MADTEST!

Solución al test n.º 19

1. b) Es la ciencia que estudia la asignación de recursos escasos para satisfacer las necesidades humanas.

2. c) Los bienes libres no son escasos ni tienen precio; los económicos son escasos, deseados y tienen precio.

3. b) Qué producir, cómo producir y para quién producir.

4. d) Los bienes duraderos previamente elaborados (máquinas, ordenadores) que sirven para fabricar otros bienes.

5. a) La tecnología y la combinación de factores productivos.

6. b) Las cantidades máximas de producción que puede obtener una economía usando todos sus recursos disponibles.

7. c) Existe ineficiencia, ya que no se utilizan todos los recursos disponibles.

8. c) La relación entre lo que elegimos y aquello a lo que renunciamos al tomar una decisión.

9. a) Su satisfacción o utilidad, teniendo en cuenta su renta.

10. b) Aquella situación en la que nadie puede mejorar si no es a costa de que otro empeore.

TEST N.º 20

**La renta nacional: Concepto y métodos de estimación.
La contabilidad nacional. Naturaleza y fines. El análisis «input-output».
Relaciones sectoriales**

1. ¿Cuál es el objeto principal de la Contabilidad Nacional?

a) Calcular los impuestos que debe pagar cada ciudadano individualmente.
b) Estudiar exclusivamente las transacciones de bolsa y mercados financieros.
c) Analizar la contabilidad interna de las empresas privadas para maximizar sus beneficios.
d) Describir los fenómenos fundamentales de producción y distribución de la riqueza de una nación mediante macromagnitudes.

2. El Producto Nacional (PN) es una variable "flujo". ¿Qué significa esto?

a) Que representa el valor total del patrimonio acumulado de un país a lo largo de su historia.
b) Que su valor cambia constantemente debido a la inflación.
c) Que es una corriente de bienes y servicios generados por unidad de tiempo (ej. un año).
d) Que solo tiene en cuenta los líquidos y el dinero en efectivo.

3. ¿Por qué el Producto Nacional solo incluye bienes y servicios "finales"?

a) Porque los bienes intermedios no tienen valor económico.
b) Para evitar la doble contabilización de los productos.
c) Porque los bienes intermedios no pagan impuestos.
d) Porque solo los bienes finales son tangibles.

4. ¿Qué concepto obtenemos si al Producto Nacional Bruto (PNB) le restamos la depreciación (D)?

a) Producto Interior Bruto (PIB).
b) Renta Disponible (Yd).
c) Gasto Nacional Bruto (GNB).
d) Producto Nacional Neto (PNN).

5. En una economía cerrada y privada, ¿a qué es idénticamente igual el Ahorro (S)?

a) Al Consumo (C).
b) A la Inversión (I).

c) A los Impuestos (T).
d) A las Exportaciones (X).

6. ¿Qué diferencia principal existe entre el Producto Interior (PI) y el Producto Nacional (PN)?

a) El PI se refiere a la producción dentro de las fronteras (territorio), y el PN a la producción de los factores nacionales (dentro o fuera).
b) El PI incluye la depreciación y el PN no.
c) El PN se calcula a precios de mercado y el PI al coste de los factores.
d) No hay diferencia, son sinónimos.

7. ¿Cómo se calcula el PNB a coste de los factores (PNBcf) partiendo del PNB a precios de mercado (PNBpm)?

a) PNBcf = PNBpm + Amortizaciones.
b) PNBcf = PNBpm + Exportaciones.
c) PNBcf = PNBpm - Impuestos indirectos + Subvenciones.
d) PNBcf = PNBpm + Impuestos directos.

8. Según el método del gasto, ¿cuáles son los componentes del PIB a precios de mercado?

a) PIBpm = Salarios + Beneficios + Alquileres.
b) PIBpm = C + I + G + (X - M).
c) PIBpm = VAB sector primario + VAB sector secundario + VAB sector terciario.
d) PIBpm = Consumo + Ahorro + Impuestos.

9. ¿Qué incluye la Formación Bruta de Capital (Inversión Bruta)?

a) Solo la construcción de viviendas.
b) El gasto público en sueldos de funcionarios.
c) Exclusivamente la compra de acciones en bolsa.
d) La Formación Bruta de Capital Fijo (FBKF) y la Variación de Existencias (VE).

10. En el cálculo del PIB por el método del ingreso, ¿qué representa el Excedente Bruto de Explotación (EBE)?

a) La suma de todos los salarios pagados.
b) Los impuestos indirectos netos.
c) Una aproximación al beneficio empresarial (incluyendo rentas de la propiedad y empresa, y depreciación).
d) El valor de las exportaciones netas.

En MADTEST tienes **más preguntas de este tema**, y todos tus avances quedan registrados y se reflejan en el ranking.

¡Supera tus límites con MADTEST!

Solución al test n.º 20

1. d) Describir los fenómenos fundamentales de producción y distribución de la riqueza de una nación mediante macromagnitudes.

2. c) Que es una corriente de bienes y servicios generados por unidad de tiempo (ej. un año).

3. b) Para evitar la doble contabilización de los productos.

4. d) Producto Nacional Neto (PNN).

5. b) A la Inversión (I).

6. a) El PI se refiere a la producción dentro de las fronteras (territorio), y el PN a la producción de los factores nacionales (dentro o fuera).

7. c) PNBcf = PNBpm - Impuestos indirectos + Subvenciones.

8. b) PIBpm = C + I + G + (X - M).

9. d) La Formación Bruta de Capital Fijo (FBKF) y la Variación de Existencias (VE).

10. c) Una aproximación al beneficio empresarial (incluyendo rentas de la propiedad y empresa, y depreciación).

TEST N.º 21

El dinero: Concepto y funciones del dinero. Demanda y oferta de dinero. Formación del tipo de interés

1. Tradicionalmente, ¿cómo han definido los economistas el dinero?

a) Por su composición química y física.
b) En función de aquello para lo que sirve ("el dinero es lo que el dinero hace").
c) Como cualquier objeto de oro o plata exclusivamente.
d) Como una creación arbitraria del gobierno sin utilidad real.

2. ¿Cuál de las siguientes es una de las tres funciones principales del dinero?

a) Ser un bien de consumo perecedero.
b) Servir como unidad de cuenta.
c) Generar intereses automáticamente por tenerlo en el bolsillo.
d) Ser un factor productivo natural como la tierra.

3. Cuando decimos que el dinero permite referir el valor de todos los bienes en múltiplos o submúltiplos de una unidad homogénea, nos referimos a su función de:

a) Medio de cambio.
b) Depósito de valor.
c) Unidad de cuenta.
d) Dinero-mercancía.

4. ¿Qué tipo de dinero es aquel cuyo valor como dinero es muy superior a su coste de producción (por ejemplo, un billete de 500 euros)?

a) Dinero-mercancía.
b) Dinero-signo.
c) Dinero-pagaré.
d) Dinero bancario puro.

5. Según Keynes, ¿cuál es el motivo para demandar dinero relacionado con la incertidumbre sobre el valor futuro de otros activos rentables (bonos, acciones)?

a) Motivo transacción.
b) Motivo precaución.

c) Motivo especulación.
d) Motivo ahorro.

6. ¿Qué relación existe entre la demanda de dinero y el tipo de interés?

a) Directa: a mayor tipo de interés, mayor demanda de dinero.
b) Inversa: a mayor tipo de interés, menor demanda de dinero (porque aumenta el coste de oportunidad).
c) Nula: el tipo de interés no afecta a la demanda de dinero.
d) Exponencial: la demanda se duplica con cada punto de interés.

7. En la Teoría Cuantitativa del dinero (ecuación de Fisher: M·V = P·Y), si la velocidad (V) y la renta (Y) son constantes, un aumento de la cantidad de dinero (M) provoca:

a) Un aumento proporcional del nivel de precios (inflación).
b) Una bajada de los precios.
c) Un aumento del desempleo.
d) Una disminución de las transacciones.

8. ¿Qué diferencia principal introduce el modelo keynesiano respecto al neoclásico en la demanda de dinero?

a) Keynes dice que el dinero solo se demanda para transacciones.
b) Keynes establece la demanda en términos de saldos nominales, no reales.
c) Keynes introduce el motivo especulación y considera el dinero como un activo para mantener riqueza (reserva de valor).
d) Keynes niega la existencia del dinero.

9. ¿Qué es la "trampa de la liquidez"?

a) Cuando el banco te cobra comisiones excesivas.
b) Una política del Banco Central para retirar todo el dinero del mercado.
c) Cuando falta dinero en efectivo en los cajeros automáticos.
d) Una situación donde, a un tipo de interés muy bajo, el público está dispuesto a mantener cualquier cantidad de dinero que se le ofrezca (la curva de demanda se vuelve horizontal).

10. Según las definiciones del BCE, ¿qué incluye el agregado monetario M1?

a) Solo las monedas de oro.
b) M2 + Valores de renta fija.
c) M1 + Depósitos a plazo.
d) Efectivo en circulación + Depósitos a la vista.

En MADTEST tienes **más preguntas de este tema**, y todos tus avances quedan registrados y se reflejan en el ranking.

¡Supera tus límites con MADTEST!

Solución al test n.º 21

1. b) En función de aquello para lo que sirve ("el dinero es lo que el dinero hace").

2. b) Servir como unidad de cuenta.

3. c) Unidad de cuenta.

4. b) Dinero-signo.

5. c) Motivo especulación.

6. b) Inversa: a mayor tipo de interés, menor demanda de dinero (porque aumenta el coste de oportunidad).

7. a) Un aumento proporcional del nivel de precios (inflación).

8. c) Keynes introduce el motivo especulación y considera el dinero como un activo para mantener riqueza (reserva de valor).

9. d) Una situación donde, a un tipo de interés muy bajo, el público está dispuesto a mantener cualquier cantidad de dinero que se le ofrezca (la curva de demanda se vuelve horizontal).

10. d) Efectivo en circulación + Depósitos a la vista.

TEST N.º 22

**El sistema financiero. El Banco Central. Los bancos comerciales.
Otros intermediarios financieros**

1. ¿Cuál es el fin primordial del sistema financiero de un país?

a) Crear dinero de la nada para financiar al Estado.
b) Regular los impuestos que pagan las empresas.
c) Canalizar el ahorro de las unidades de gasto con superávit hacia las unidades de gasto con déficit.
d) Fijar los precios de todos los productos del mercado.

2. ¿Qué distingue a los intermediarios financieros bancarios de los no bancarios?

a) Que los bancarios tienen pasivos que son dinero y pueden crear dinero.
b) Que los no bancarios son los únicos que pueden conceder préstamos.
c) Que los bancarios son públicos y los no bancarios privados.
d) Que los bancarios no están regulados por el Banco Central.

3. Las tres características principales de los activos financieros son:

a) Precio, Color y Tamaño.
b) Oferta, Demanda y Equilibrio.
c) Solvencia, Garantía y Plazo.
d) Liquidez, Riesgo y Rentabilidad.

4. ¿Qué son los activos financieros secundarios o indirectos?

a) Son las acciones emitidas directamente por las empresas industriales.
b) Son los que crean o emiten los intermediarios financieros.
c) Son aquellos que no tienen ningún riesgo.
d) Son los préstamos entre familiares.

5. Una de las funciones de los mercados financieros es:

a) Poner en contacto a los agentes y fijar el precio de los activos.
b) Imprimir billetes de curso legal.
c) Asegurar que ninguna empresa quiebre.
d) Eliminar totalmente el riesgo de las inversiones.

6. ¿Cómo se define el "Mercado de Capitales"?

a) Es donde se negocian activos a muy corto plazo y alta liquidez.
b) Es un mercado exclusivo para bancos centrales.
c) Es el mercado donde se realizan operaciones sobre títulos a largo plazo.
d) Es el mercado donde solo se negocian divisas.

7. Según la fase de negociación de los activos, los mercados se clasifican en:

a) Directos e Indirectos.
b) Primarios y Secundarios.
c) Libres y Regulados.
d) Monetarios y de Capitales.

8. Desde el 1 de enero de 1999, ¿quién define la política monetaria de la zona euro?

a) El Banco de España de forma independiente.
b) El Gobierno de cada país miembro.
c) La Comisión Europea.
d) El Eurosistema.

9. ¿Cuál de las siguientes es una función específica que la Ley de Autonomía otorga al Banco de España (como banco nacional, no SEBC)?

a) Supervisar la solvencia y el cumplimiento de la normativa de las entidades de crédito.
b) Definir la política monetaria de la zona euro.
c) Emitir billetes de dólares americanos.
d) Fijar los tipos de interés de Alemania.

10. En el balance del Banco Central, ¿dónde se contabilizan las "Divisas y Oro"?

a) En el Pasivo no monetario.
b) En el Pasivo monetario.
c) En el Activo.
d) Como recursos propios.

En MADTEST tienes **más preguntas de este tema**, y todos tus avances quedan registrados y se reflejan en el ranking.

¡Supera tus límites con MADTEST!

Solución al test n.º 22

1. c) Canalizar el ahorro de las unidades de gasto con superávit hacia las unidades de gasto con déficit.

2. a) Que los bancarios tienen pasivos que son dinero y pueden crear dinero.

3. d) Liquidez, Riesgo y Rentabilidad.

4. b) Son los que crean o emiten los intermediarios financieros.

5. a) Poner en contacto a los agentes y fijar el precio de los activos.

6. c) Es el mercado donde se realizan operaciones sobre títulos a largo plazo.

7. b) Primarios y Secundarios.

8. d) El Eurosistema.

9. a) Supervisar la solvencia y el cumplimiento de la normativa de las entidades de crédito.

10. c) En el Activo.

TEST N.º 23

El comercio internacional. Formulaciones teóricas. La protección arancelaria. La balanza de pagos: Concepto y estructura. El tipo de cambio. El equilibrio de la balanza de pagos

1. Según Adam Smith, ¿en qué se basa el comercio internacional?

a) En la ventaja absoluta: cada país produce aquello en lo que tiene menores costes de producción.
b) En la ventaja comparativa: importa el coste de oportunidad, no el absoluto.
c) En la abundancia de capital exclusivamente.
d) En la imposición de aranceles altos para proteger la industria.

2. ¿Qué autor formuló la Ley de la Ventaja Comparativa?

a) Adam Smith.
b) John Stuart Mill.
c) David Ricardo.
d) Bertil Ohlin.

3. Según el modelo Heckscher-Ohlin, un país con abundancia relativa de capital exportará:

a) Bienes intensivos en trabajo.
b) Cualquier tipo de bien indiferentemente.
c) Servicios turísticos únicamente.
d) Bienes obtenidos en procesos intensivos en capital.

4. ¿Qué aportación fundamental hizo John Stuart Mill a la teoría del comercio internacional?

a) La teoría del valor-trabajo estricta.
b) La Teoría de la Demanda Recíproca (los precios dependen también de la demanda de cada país).
c) El concepto de arancel óptimo.
d) La prohibición del comercio con colonias.

5. Un arancel "Ad valorem" es aquel que:

a) Se determina como un porcentaje fijo sobre el valor de la mercancía.
b) Se fija por unidad física (peso, volumen).
c) Combina una parte fija y una variable.
d) Está prohibido por la OMC en todos los casos.

6. ¿Qué efecto provoca normalmente la introducción de un arancel a la importación?

a) Aumenta el consumo del bien importado.
b) Disminuye la producción nacional del bien.
c) Aumenta el precio del producto en el mercado nacional y reduce las importaciones.
d) Reduce los ingresos fiscales del Estado.

7. El "Dumping" consiste en:

a) Vender en el mercado exterior a un precio superior al coste.
b) Una subvención directa a la producción.
c) Una barrera sanitaria injustificada.
d) Vender un bien en el mercado externo a un precio inferior al del mercado interno o por debajo de su coste.

8. ¿Cuál de las siguientes es una medida de protección "no arancelaria"?

a) El arancel de tránsito.
b) Los contingentes o cuotas a la importación.
c) El arancel específico.
d) El arancel mixto.

9. Según el Sexto Manual del FMI, ¿qué tres cuentas principales componen la Balanza de Pagos?

a) Cuenta corriente, cuenta de capital y cuenta financiera.
b) Balanza comercial, balanza de servicios y balanza básica.
c) Cuenta de mercancías, cuenta de oro y cuenta de errores.
d) Activo, Pasivo y Neto Patrimonial.

10. En la Cuenta de Rentas Primarias (antigua Balanza de Rentas) se incluyen:

a) Las remesas de emigrantes.
b) Las ayudas de la UE para el desarrollo regional (FEDER).
c) Las rentas del trabajo y de la inversión (intereses, dividendos).
d) Los ingresos por turismo.

En MADTEST tienes **más preguntas de este tema**, y todos tus avances quedan registrados y se reflejan en el ranking.

¡Supera tus límites con MADTEST!

Solución al test n.º 23

1. a) En la ventaja absoluta: cada país produce aquello en lo que tiene menores costes de producción.

2. c) David Ricardo.

3. d) Bienes obtenidos en procesos intensivos en capital.

4. b) La Teoría de la Demanda Recíproca (los precios dependen también de la demanda de cada país).

5. a) Se determina como un porcentaje fijo sobre el valor de la mercancía.

6. c) Aumenta el precio del producto en el mercado nacional y reduce las importaciones.

7. d) Vender un bien en el mercado externo a un precio inferior al del mercado interno o por debajo de su coste.

8. b) Los contingentes o cuotas a la importación.

9. a) Cuenta corriente, cuenta de capital y cuenta financiera.

10. c) Las rentas del trabajo y de la inversión (intereses, dividendos).

TEST N.º 24

Teoría de la demanda. Concepto de utilidad. Curvas de indiferencia. El equilibrio del consumidor. Curvas de demanda

1. ¿Qué dos enfoques existen para estudiar la teoría de la demanda del consumidor?

a) El enfoque microeconómico y el enfoque macroeconómico.
b) El enfoque cardinal y el enfoque ordinal.
c) El enfoque de la oferta y el enfoque de la demanda.
d) El enfoque positivo y el enfoque normativo.

2. ¿Cómo se comporta la Utilidad Marginal a medida que aumenta el consumo de un bien?

a) Es siempre creciente.
b) Es constante.
c) Es decreciente.
d) Es negativa desde la primera unidad consumida.

3. Cuando la Utilidad Total alcanza su máximo (punto de saturación), la Utilidad Marginal es:

a) Máxima.
b) Cero.
c) Infinita.
d) Negativa.

4. ¿Qué representan las curvas de indiferencia?

a) Las combinaciones de bienes que el consumidor puede comprar con su renta.
b) La relación entre el precio y la cantidad demandada.
c) Las combinaciones de bienes que proporcionan al consumidor el mismo nivel de satisfacción o utilidad.
d) Los puntos donde el consumidor gasta todo su dinero.

5. Una de las propiedades fundamentales de las curvas de indiferencia es que:

a) Son cóncavas hacia el origen.
b) Tienen pendiente positiva.
c) Se cortan entre sí.
d) Son convexas hacia el origen y no se cortan.

6. ¿Qué mide la Relación Marginal de Sustitución (RMS) entre dos bienes X e Y?

a) El precio relativo de los bienes en el mercado.
b) La cantidad de Y a la que el consumidor está dispuesto a renunciar para obtener una unidad adicional de X, manteniendo la misma utilidad.
c) La cantidad de dinero que cuesta comprar una unidad más.
d) La variación de la renta necesaria para comprar más bienes.

7. La pendiente de la recta de balance (restricción presupuestaria) es igual a:

a) La Relación Marginal de Sustitución.
b) El cociente de las utilidades marginales (-UMgX/UMgY).
c) El cociente negativo de los precios (-Px/Py).
d) La renta dividida por el precio de X.

8. ¿Dónde alcanza el consumidor su posición de equilibrio (maximización de utilidad)?

a) Donde se cortan dos curvas de indiferencia.
b) En el punto donde la curva de indiferencia es tangente a la recta de balance.
c) En el punto donde gasta menos renta.
d) Donde la utilidad marginal de un bien es máxima.

9. En el punto de equilibrio del consumidor, se cumple que:

a) RMS = Px/Py.
b) RMS > Px/Py.
c) RMS < Px/Py.
d) La utilidad total es cero.

10. Si un aumento en la renta del consumidor provoca una disminución en la demanda de un bien, decimos que ese bien es:

a) Un bien normal.
b) Un bien de lujo.
c) Un bien inferior.
d) Un bien complementario.

En MADTEST tienes **más preguntas de este tema**, y todos tus avances quedan registrados y se reflejan en el ranking.

¡Supera tus límites con MADTEST!

Solución al test n.º 24

1. b) El enfoque cardinal y el enfoque ordinal.

2. c) Es decreciente.

3. b) Cero.

4. c) Las combinaciones de bienes que proporcionan al consumidor el mismo nivel de satisfacción o utilidad.

5. d) Son convexas hacia el origen y no se cortan.

6. b) La cantidad de Y a la que el consumidor está dispuesto a renunciar para obtener una unidad adicional de X, manteniendo la misma utilidad.

7. c) El cociente negativo de los precios (-Px/Py).

8. b) En el punto donde la curva de indiferencia es tangente a la recta de balance.

9. a) RMS = Px/Py.

10. c) Un bien inferior.

TEST N.º 25

Teoría de la producción. Funciones de producción. Productividad. Equilibrio de la producción. Los costes de producción. Concepto y clases. Funciones de costes. La curva de la oferta. El equilibrio de la empresa

1. ¿En qué consiste fundamentalmente la producción desde el punto de vista económico?

a) En vender productos al mayor precio posible.
b) En almacenar bienes para que suban de precio.
c) En combinar factores de producción (inputs) para obtener bienes o servicios.
d) En el consumo de bienes finales por parte de las familias.

2. ¿Cuál es la diferencia principal entre el corto plazo y el largo plazo en la teoría de la producción?

a) En el corto plazo existen factores fijos y variables, mientras que en el largo plazo todos los factores son variables.
b) El corto plazo es siempre un periodo menor a un año y el largo plazo mayor a un año.
c) En el largo plazo no se puede alterar la tecnología, en el corto sí.
d) En el corto plazo no existen costes, solo en el largo plazo.

3. ¿Qué propiedades caracterizan a las curvas isocuantas?

a) Son cóncavas, crecientes y se cortan entre sí.
b) Representan diferentes niveles de coste para la empresa.
c) Tienen pendiente positiva y representan la utilidad del consumidor.
d) Son decrecientes, convexas hacia el origen, no se cortan y cuanto más alejadas del origen, mayor nivel de producción representan.

4. La Relación Marginal de Sustitución Técnica (RMST) mide:

a) La relación entre el precio del capital y el salario.
b) El número de unidades de capital a las que se puede renunciar si se aumenta en una unidad el factor trabajo, manteniendo el mismo nivel de producción.
c) La cantidad de producto que se pierde al reducir el coste.
d) El beneficio marginal de la empresa.

5. Si una función de producción es homogénea de grado n > 1, decimos que presenta:

a) Rendimientos crecientes a escala.
b) Rendimientos constantes a escala.

c) Rendimientos decrecientes a escala.
d) Ineficiencia técnica.

6. Gráficamente, ¿dónde corta la curva de Producto Marginal a la curva de Producto Medio?

a) En el punto mínimo del Producto Medio.
b) Cuando el Producto Total es cero.
c) En el punto máximo del Producto Medio.
d) Nunca se cortan.

7. La Ley de los Rendimientos Decrecientes establece que:

a) Si aumentamos todos los factores a la vez, la producción baja.
b) Si se añaden unidades sucesivas de un factor variable a un factor fijo, llega un punto en que los incrementos de la producción son cada vez menores.
c) A largo plazo, los costes siempre disminuyen.
d) La tecnología siempre mejora con el tiempo.

8. En las etapas de la producción, ¿cuál es la zona racional donde le interesa producir a la empresa?

a) En la Etapa I, donde el producto medio es creciente.
b) En la Etapa III, donde el producto marginal es negativo.
c) En la Etapa II, situada entre el óptimo técnico (máximo PMe) y el máximo técnico (PMg = 0).
d) En cualquier punto donde el producto total sea positivo.

9. ¿Qué define el punto conocido como "Óptimo Técnico"?

a) El punto donde el coste marginal es mínimo.
b) El punto donde el producto total es máximo.
c) El punto donde se minimizan los costes totales.
d) El punto donde la productividad media del factor variable es máxima.

10. La recta isocoste representa:

a) Todas las combinaciones de factores (trabajo y capital) que pueden adquirirse con un mismo coste total.
b) Las combinaciones de factores que producen la misma cantidad de producto.
c) La relación entre ingresos y gastos.
d) La senda de expansión de la empresa.

En MADTEST tienes **más preguntas de este tema**, y todos tus avances quedan registrados y se reflejan en el ranking.

¡Supera tus límites con MADTEST!

Solución al test n.º 25

1. c) En combinar factores de producción (inputs) para obtener bienes o servicios.

2. a) En el corto plazo existen factores fijos y variables, mientras que en el largo plazo todos los factores son variables.

3. d) Son decrecientes, convexas hacia el origen, no se cortan y cuanto más alejadas del origen, mayor nivel de producción representan.

4. b) El número de unidades de capital a las que se puede renunciar si se aumenta en una unidad el factor trabajo, manteniendo el mismo nivel de producción.

5. a) Rendimientos crecientes a escala.

6. c) En el punto máximo del Producto Medio.

7. b) Si se añaden unidades sucesivas de un factor variable a un factor fijo, llega un punto en que los incrementos de la producción son cada vez menores.

8. c) En la Etapa II, situada entre el óptimo técnico (máximo PMe) y el máximo técnico (PMg = 0).

9. d) El punto donde la productividad media del factor variable es máxima.

10. a) Todas las combinaciones de factores (trabajo y capital) que pueden adquirirse con un mismo coste total.

El mercado: Concepto y clases. Mercados de libre concurrencia y monopolísticos. Formación del precio. Análisis de otros mercados: La competencia monopolística y el oligopolio

1. Según la clasificación de Stackelberg, ¿cómo se denomina el mercado donde existe un solo oferente y muchos demandantes?

a) Oligopolio.
b) Monopolio.
c) Monopsonio.
d) Competencia Perfecta.

2. En un mercado de competencia perfecta, ¿qué significa el requisito de "homogeneidad del producto"?

a) Que todas las empresas tienen el mismo tamaño.
b) Que los consumidores perciben los productos de todas las empresas como idénticos, siendo indiferente comprar a una u otra.
c) Que el precio es el mismo en todas las tiendas.
d) Que solo existe un tipo de consumidor.

3. ¿Cuál es la condición de equilibrio para maximizar beneficios en una empresa de competencia perfecta?

a) Precio = Coste Total Medio.
b) Ingreso Marginal = Coste Variable.
c) Precio = Coste Marginal (P = CMg).
d) Precio = Coste Fijo.

4. En el corto plazo, si el precio de mercado es inferior al Coste Variable Medio (P < CVMe), la empresa de competencia perfecta:

a) Debe cerrar (punto de cierre) para minimizar pérdidas.
b) Obtiene beneficios extraordinarios.
c) Debe seguir produciendo para cubrir al menos los costes fijos.
d) Aumentará el precio unilateralmente.

5. ¿Qué forma tiene la curva de demanda a la que se enfrenta una empresa individual en competencia perfecta?

a) Decreciente.
b) Creciente.
c) Perfectamente elástica (horizontal) al nivel del precio de mercado.
d) Vertical (perfectamente inelástica).

6. ¿Qué ocurre en el equilibrio a largo plazo en un mercado de competencia perfecta?

a) Las empresas obtienen grandes beneficios extraordinarios.
b) Las empresas operan con exceso de capacidad.
c) El precio es superior al Coste Marginal.
d) El precio se iguala al mínimo de los Costes Medios a Largo Plazo, y los beneficios extraordinarios desaparecen

7. El monopolio natural suele surgir cuando:

a) Existen fuertes economías de escala que hacen más eficiente que una sola empresa abastezca todo el mercado.
b) El gobierno concede una patente.
c) Una empresa controla una materia prima estratégica.
d) Hay muchas empresas compitiendo ferozmente.

8. En el monopolio, la curva de Ingreso Marginal (IMg):

a) Coincide con la curva de demanda.
b) Es horizontal.
c) Se sitúa por debajo de la curva de demanda.
d) Es siempre positiva y creciente.

9. ¿Qué mide el Índice de Lerner en un monopolio?
a) El volumen de ventas total.
b) El grado de poder de monopolio (capacidad para fijar el precio por encima del coste marginal).
c) La elasticidad renta de los consumidores.
d) El número de competidores en el mercado.

10. La discriminación de precios de tercer grado consiste en:

a) Cobrar a cada consumidor el precio máximo que está dispuesto a pagar.
b) Cobrar precios distintos en función de la cantidad consumida (bloques).
c) Cobrar precios diferentes a grupos de consumidores con elasticidades-precio distintas (segmentación de mercados).
d) Regalar el producto a todos los consumidores.

En MADTEST tienes **más preguntas de este tema**, y todos tus avances quedan registrados y se reflejan en el ranking.

¡Supera tus límites con MADTEST!

Solución al test n.º 26

1. b) Monopolio.

2. b) Que los consumidores perciben los productos de todas las empresas como idénticos, siendo indiferente comprar a una u otra.

3. c) Precio = Coste Marginal (P = CMg).

4. a) Debe cerrar (punto de cierre) para minimizar pérdidas.

5. c) Perfectamente elástica (horizontal) al nivel del precio de mercado.

6. d) El precio se iguala al mínimo de los Costes Medios a Largo Plazo, y los beneficios extraordinarios desaparecen

7. a) Existen fuertes economías de escala que hacen más eficiente que una sola empresa abastezca todo el mercado.

8. c) Se sitúa por debajo de la curva de demanda.

9. b) El grado de poder de monopolio (capacidad para fijar el precio por encima del coste marginal).

10. c) Cobrar precios diferentes a grupos de consumidores con elasticidades-precio distintas (segmentación de mercados).

**El proceso productivo. Los costes de producción: Su estructura.
Los principales elementos determinantes del coste de la producción.
El coste de los subproductos**

1. ¿En qué consiste fundamentalmente el proceso productivo?

a) En la venta de productos financieros.
b) En la transformación de factores productivos (inputs) en bienes o servicios (outputs) mediante una tecnología.
c) En el almacenamiento de mercancías sin transformarlas.
d) En el pago de impuestos al Estado.

2. ¿Cuál es la diferencia conceptual entre "Gasto" y "Coste"?

a) Son sinónimos, no hay diferencia.
b) El gasto es una salida de tesorería y el coste es una inversión a largo plazo.
c) El gasto es una adquisición de bienes o servicios para la empresa, mientras que el coste es el consumo valorado de esos factores en el proceso productivo.
d) El coste siempre es mayor que el gasto.

3. Si compramos una máquina que dura 10 años, la compra inicial se considera:

a) Un gasto corriente.
b) Un coste directo.
c) Una inversión.
d) Un pago diferido.

4. ¿Qué entendemos por "Pago"?

a) El consumo de factores en la producción.
b) La salida efectiva de dinero o tesorería (flujo monetario) para extinguir una obligación.
c) La compra de materias primas, se paguen o no.
d) El beneficio de la empresa.

5. Los costes que se pueden asignar de forma inequívoca y directa a un producto concreto se llaman:

a) Costes Indirectos.
b) Costes Fijos.

c) Costes Directos.
d) Costes de Oportunidad.

6. ¿Cuál de los siguientes es un ejemplo típico de Coste Indirecto de Fabricación?

a) La materia prima principal (ej. madera en una mesa).
b) El salario del operario que ensambla la pieza.
c) El embalaje unitario del producto.
d) El alquiler de la nave industrial donde se fabrican varios productos distintos.

7. Según la variabilidad respecto al nivel de producción, los costes se clasifican en:

a) Fijos y Variables.
b) Directos e Indirectos.
c) Reales y Estándar.
d) Históricos y Futuros.

8. ¿Qué caracteriza a los Costes Fijos?

a) Que permanecen constantes dentro de un rango de actividad, independientemente del volumen de producción
b) Que varían proporcionalmente con el volumen de producción.
c) Que siempre son costes directos.
d) Que solo existen a largo plazo.

9. El modelo de costes "Full Costing" o Coste Completo:

a) Asigna al producto únicamente los costes variables.
b) Asigna al producto tanto los costes fijos como los variables (la totalidad de los costes).
c) Solo tiene en cuenta los costes de materiales.
d) No considera los costes de mano de obra.

10. Por el contrario, el modelo "Direct Costing" o Coste Variable:

a) Imputa al producto solo los costes variables, llevando los costes fijos directamente a la cuenta de resultados del periodo.
b) Es igual que el Full Costing.
c) Imputa todos los costes al producto.
d) Solo se usa en empresas públicas.

En MADTEST tienes **más preguntas de este tema**, y todos tus avances quedan registrados y se reflejan en el ranking.

¡Supera tus límites con MADTEST!

Solución al test n.º 27

1. b) En la transformación de factores productivos (inputs) en bienes o servicios (outputs) mediante una tecnología.

2. c) El gasto es una adquisición de bienes o servicios para la empresa, mientras que el coste es el consumo valorado de esos factores en el proceso productivo.

3. c) Una inversión.

4. b) La salida efectiva de dinero o tesorería (flujo monetario) para extinguir una obligación.

5. c) Costes Directos.

6. d) El alquiler de la nave industrial donde se fabrican varios productos distintos.

7. a) Fijos y Variables.

8. a) Que permanecen constantes dentro de un rango de actividad, independientemente del volumen de producción

9. b) Asigna al producto tanto los costes fijos como los variables (la totalidad de los costes).

10. a) Imputa al producto solo los costes variables, llevando los costes fijos directamente a la cuenta de resultados del periodo.

La empresa como organización. Marco institucional. Concepto. Realidad económica y entorno. Clases de empresas y criterios de clasificación. Los objetivos de la empresa. Sistemas de dirección y gestión

1. ¿Cómo se define la empresa en el contexto de una economía de mercado?

a) Como una organización sin ánimo de lucro dedicada a la beneficencia.
b) Como una reunión de amigos con intereses comunes.
c) Como el conjunto de factores de producción coordinados con la función de producir y cuyo objetivo es la obtención del máximo beneficio.
d) Como una entidad exclusivamente estatal para dar servicios públicos.

2. En el sistema de organización lineal, ¿qué variante introduce especialistas que aconsejan pero no tienen autoridad de mando directo?

a) Organización lineal con "staff" o personal de asesoramiento.
b) Organización matricial.
c) Organización departamental pura.
d) Organización circular.

3. El sistema de organización funcional o departamental también es conocido como:

a) Sistema de Fayol.
b) Sistema de Mayo.
c) Sistema de Weber.
d) Sistema de Taylor.

4. ¿Cuál de los siguientes factores pertenece al entorno general o social de la empresa?

a) Los proveedores de materias primas.
b) Los factores demográficos y culturales de la sociedad.
c) La competencia directa del sector.
d) Los clientes específicos del producto.

5. El entorno específico de una empresa está formado por elementos como:

a) El clima y la geografía del país.
b) La legislación general del Estado.

c) Los proveedores, clientes, competidores y empleados.
d) La cultura religiosa de la población.

6. En cuanto a la Responsabilidad Social Corporativa, el "Nivel interno" se refiere a:

a) El cumplimiento de las responsabilidades básicas de la actividad económica (producción eficiente, creación de empleo y crecimiento).
b) La lucha contra la pobreza en el tercer mundo.
c) La protección de la fauna salvaje.
d) La construcción de viviendas sociales.

7. ¿Qué implica el "Nivel intermedio" de responsabilidad social en una empresa?

a) Dedicarse exclusivamente a ganar dinero.
b) Donar todo el beneficio a ONGs.
c) Asumir funciones del gobierno.
d) Asumir valores como el cuidado del medio ambiente, la información a consumidores y buenas relaciones laborales.

8. El "Enfoque intermedio" sobre la responsabilidad social defiende que:

a) La empresa no tiene ninguna responsabilidad social.
b) La empresa debe atender los intereses de todos los grupos implicados (directivos, trabajadores, clientes, entorno), no solo de los accionistas.
c) La empresa debe convertirse en una entidad benéfica.
d) Lo único importante es el dividendo de los accionistas.

9. Según la clasificación de la OIT, ¿cuál de los siguientes es un factor económico nacional de carácter temporal?

a) El grado de industrialización del país.
b) La distribución de la riqueza.
c) La disponibilidad de recursos naturales.
d) La situación de la Balanza de Pagos en un momento dado.

10. Entre los factores económicos nacionales permanentes encontramos:

a) Las fluctuaciones bursátiles diarias.
b) Los tipos de interés coyunturales.
c) El nivel de actividad económica del mes pasado.
d) El grado de desarrollo económico y la infraestructura básica.

En MADTEST tienes **más preguntas de este tema**, y todos tus avances quedan registrados y se reflejan en el ranking.

¡Supera tus límites con MADTEST!

Solución al test n.º 28

1. c) Como el conjunto de factores de producción coordinados con la función de producir y cuyo objetivo es la obtención del máximo beneficio.

2. a) Organización lineal con "staff" o personal de asesoramiento.

3. d) Sistema de Taylor.

4. b) Los factores demográficos y culturales de la sociedad.

5. c) Los proveedores, clientes, competidores y empleados.

6. a) El cumplimiento de las responsabilidades básicas de la actividad económica (producción eficiente, creación de empleo y crecimiento).

7. d) Asumir valores como el cuidado del medio ambiente, la información a consumidores y buenas relaciones laborales.

8. b) La empresa debe atender los intereses de todos los grupos implicados (directivos, trabajadores, clientes, entorno), no solo de los accionistas.

9. d) La situación de la Balanza de Pagos en un momento dado.

10. d) El grado de desarrollo económico y la infraestructura básica.

El fondo de comercio: Significación económica. Técnica de su valoración. Valoración de la empresa en funcionamiento

1. ¿Qué representa el "Fondo de Comercio" de una empresa?

a) El dinero en efectivo que tiene en la caja fuerte.
b) Su valor inmaterial, derivado de factores como la clientela, marcas, organización o prestigio.
c) El valor de sus edificios y terrenos exclusivamente.
d) Un fondo de inversión contratado en un banco.

2. Económicamente, el Fondo de Comercio se define como:

a) El valor actual de los superbeneficios que la empresa es capaz de producir.
b) La suma de los salarios pagados en el último año.
c) El valor de liquidación de los activos.
d) El coste histórico de la maquinaria.

3. ¿Cómo se calcula el Fondo de Comercio (F) según el Método Indirecto o Alemán?

a) F = Valor Sustancial + Valor de Rendimiento.
b) F = Valor Matemático x 2.
c) F = Valor de Rendimiento - Valor Sustancial (F = Vr - Vs).
d) F = Activo - Pasivo.

4. Según el Método Directo o Anglosajón, el valor total de la empresa (V) es:

a) V = Valor Sustancial + Fondo de Comercio (V = Vs + F).
b) V = Valor de Rendimiento exclusivamente.
c) V = Valor de Liquidación.
d) V = Valor Contable.

5. ¿Qué es el "Valor Matemático" (o Contable) de una empresa?

a) El valor de mercado de sus acciones.
b) La diferencia entre el Activo Real y el Pasivo Exigible según los libros de contabilidad.
c) El precio de venta de los productos.
d) El valor de los activos fijos solamente.

6. El "Valor Sustancial" de la empresa se define como:

a) El valor de reposición actualizado de todos los bienes y derechos (activo real) menos las deudas.
b) El valor contable histórico.
c) El valor mínimo de liquidación.
d) El beneficio neto del último año.

7. ¿Qué es el "Valor de Rendimiento" (Vr)?

a) El valor de los activos físicos.
b) El valor actualizado de todos los beneficios futuros que se espera que genere la empresa.
c) El capital social escriturado.
d) El dinero que se obtendría al vender la empresa por partes.

8. Si consideramos el beneficio (B) como una renta perpetua y constante, el Valor de Rendimiento se calcula:

a) $Vr = B \times i$
b) $Vr = B + i$
c) $Vr = B / i$ (donde i es el tipo de interés).
d) $Vr = B - i$

9. En el cálculo del Fondo de Comercio por el método directo, ¿qué representa el "Superbeneficio"?

a) El beneficio que excede de la remuneración normal del Valor Sustancial ($B - i \cdot Vs$).
b) El beneficio total de la empresa.
c) Los beneficios extraordinarios por lotería.
d) El beneficio antes de impuestos.

10. ¿Qué tasa de actualización se utiliza para descontar los superbeneficios en el método anglosajón?

a) La tasa de inflación.
b) La misma tasa que para la deuda pública.
c) Una tasa (i') superior a la del mercado financiero (i), por el mayor riesgo e incertidumbre de estos beneficios extra.
d) Una tasa del 0%.

En MADTEST tienes **más preguntas de este tema**, y todos tus avances quedan registrados y se reflejan en el ranking.

¡Supera tus límites con MADTEST!

Solución al test n.º 29

1. b) Su valor inmaterial, derivado de factores como la clientela, marcas, organización o prestigio.

2. a) El valor actual de los superbeneficios que la empresa es capaz de producir.

3. c) F = Valor de Rendimiento - Valor Sustancial (F = Vr - Vs).

4. a) V = Valor Sustancial + Fondo de Comercio (V = Vs + F).

5. b) La diferencia entre el Activo Real y el Pasivo Exigible según los libros de contabilidad.

6. a) El valor de reposición actualizado de todos los bienes y derechos (activo real) menos las deudas.

7. b) El valor actualizado de todos los beneficios futuros que se espera que genere la empresa.

8. c) Vr = B / i (donde i es el tipo de interés).

9. a) El beneficio que excede de la remuneración normal del Valor Sustancial (B - i·Vs).

10. c) Una tasa (i') superior a la del mercado financiero (i), por el mayor riesgo e incertidumbre de estos beneficios extra.

TEST N.º 30

La financiación de la estructura fija de la empresa: La autofinanciación. La función financiera de los fondos de amortizaciones. Las llamadas amortizaciones financieras o de capital. Equilibrio entre amortizaciones técnicas y amortizaciones financieras

1. Según el Plan General de Contabilidad, ¿cómo se definen los activos?

a) Como las deudas que tiene la empresa con terceros.
b) Como los bienes, derechos y otros recursos controlados económicamente por la empresa, resultantes de sucesos pasados, de los que se espera obtener beneficios futuros.
c) Como el capital social aportado por los socios exclusivamente.
d) Como los gastos corrientes del ejercicio.

2. ¿Qué entendemos por "Pasivo" en el sentido contable?

a) El conjunto de bienes de la empresa.
b) Las obligaciones actuales surgidas de sucesos pasados, para cuya extinción la empresa espera desprenderse de recursos.
c) Los beneficios no distribuidos.
d) El dinero en caja.

3. La financiación propia o "No Exigible" está formada por:

a) Préstamos bancarios a largo plazo.
b) Deudas con proveedores.
c) Capital Social, Reservas y Resultados pendientes de aplicación.
d) Empréstitos de obligaciones.

4. ¿Qué es la "Autofinanciación de Mantenimiento"?

a) La formada por los beneficios retenidos (reservas) para crecer.
b) La formada por las amortizaciones y provisiones, destinada a mantener la capacidad productiva.
c) La ampliación de capital con nuevas aportaciones de socios.
d) La venta de activos fijos.

5. La "Autofinanciación de Enriquecimiento" se genera mediante:

a) La dotación a la amortización.
b) El pago de dividendos.

c) La solicitud de créditos.

d) La retención de beneficios (reservas) que aumentan el neto patrimonial y permiten la expansión.

6. ¿Qué efecto tiene la amortización desde el punto de vista financiero?

a) Retiene fondos dentro de la empresa (gasto no pagable) que generan liquidez para renovar el activo.

b) Supone una salida de dinero de la caja.

c) Reduce la tesorería de la empresa.

d) Es irrelevante financieramente.

7. El "Efecto Lohmann-Ruchti" explica que:

a) La amortización permite no solo renovar los equipos, sino también aumentar la capacidad productiva si la empresa está en expansión y los precios de los equipos no suben.

b) La amortización solo sirve para pagar menos impuestos.

c) Las empresas siempre se descapitalizan.

d) Es mejor financiar todo con deuda externa.

8. Para que se produzca el efecto expansivo de Lohmann-Ruchti es necesario que:

a) No exista inflación tecnológica ni de precios en los bienes de equipo.

b) La empresa reparta todos los beneficios como dividendos.

c) La empresa no invierta los fondos de amortización.

d) La capacidad productiva disminuya.

9. Las "Amortizaciones Financieras" consisten en:

a) La depreciación física de la maquinaria.

b) El pago de intereses únicamente.

c) La compra de acciones propias.

d) La devolución o reembolso de los capitales ajenos (deuda) según el plan de vencimientos establecido.

10. ¿Qué problema surge si la vida útil del equipo (amortización técnica) es mayor que el plazo de devolución del préstamo (amortización financiera)?

a) Ninguno, es la situación ideal.

b) El banco perdona la deuda.

c) La empresa quiebra automáticamente.

d) Se produce un desajuste de tesorería, ya que hay que devolver el préstamo antes de haber recuperado el valor del equipo mediante la venta de productos (amortización técnica).

En MADTEST tienes **más preguntas de este tema**, y todos tus avances quedan registrados y se reflejan en el ranking.

¡Supera tus límites con MADTEST!

Solución al test n.º 30

1. b) Como los bienes, derechos y otros recursos controlados económicamente por la empresa, resultantes de sucesos pasados, de los que se espera obtener beneficios futuros.

2. b) Las obligaciones actuales surgidas de sucesos pasados, para cuya extinción la empresa espera desprenderse de recursos.

3. c) Capital Social, Reservas y Resultados pendientes de aplicación.

4. b) La formada por las amortizaciones y provisiones, destinada a mantener la capacidad productiva.

5. d) La retención de beneficios (reservas) que aumentan el neto patrimonial y permiten la expansión.

6. a) Retiene fondos dentro de la empresa (gasto no pagable) que generan liquidez para renovar el activo.

7. a) La amortización permite no solo renovar los equipos, sino también aumentar la capacidad productiva si la empresa está en expansión y los precios de los equipos no suben.

8. a) No exista inflación tecnológica ni de precios en los bienes de equipo.

9. d) La devolución o reembolso de los capitales ajenos (deuda) según el plan de vencimientos establecido.

10. d) Se produce un desajuste de tesorería, ya que hay que devolver el préstamo antes de haber recuperado el valor del equipo mediante la venta de productos (amortización técnica).

**Las variaciones de la renta de la empresa: Estudio de sus causas.
La comparación entre la rentabilidad esperada y la real.
La rentabilidad, su medida. La rentabilidad de la empresa y el interés
del capital invertido en la misma**

1. Según la teoría de Schmalenbach, ¿cuál es el objetivo del análisis de las variaciones de la renta de la empresa?

a) Calcular los impuestos a pagar.
b) Estudiar las causas que provocan la diferencia de beneficio entre dos periodos consecutivos.
c) Determinar el precio de venta óptimo.
d) Valorar el fondo de comercio.

2. ¿Cuáles son las tres causas principales de variación del beneficio según Schmalenbach?

a) Variación en el margen, variación en el nivel de actividad y variación en el grado de ocupación.
b) Variación en los impuestos, variación en los salarios y variación en los intereses.
c) Variación en el activo, variación en el pasivo y variación en el neto.
d) Variación en la inflación, variación en el tipo de cambio y variación en el riesgo.

3. El Beneficio Económico (BE) o Resultado de Explotación (BAIT) se calcula como:

a) Ingresos Totales - Costes Totales (incluyendo intereses).
b) Beneficio Neto - Impuestos.
c) Ingresos Totales - Costes de Explotación (sin incluir costes financieros).
d) Ventas - Compras.

4. La Rentabilidad Económica (Re) o ROI mide:

a) La rentabilidad de los fondos propios exclusivamente.
b) La capacidad de los activos de la empresa para generar beneficio, independientemente de cómo se financien (BAIT / Activo Total).
c) El beneficio después de impuestos dividido por las ventas.
d) El interés que paga el banco.

5. Según el análisis de Dupont, la Rentabilidad Económica se puede descomponer en dos factores:

a) Apalancamiento y Solvencia.
b) Margen y Rotación.

c) Liquidez y Tesorería.
d) Beneficio y Coste.

6. En un mercado muy competitivo con márgenes estrechos, ¿cuál es la estrategia principal para aumentar la Rentabilidad Económica?

a) Aumentar el margen subiendo precios.
b) Reducir la producción.
c) Aumentar la rotación (vender más volumen con los mismos activos).
d) Aumentar los costes fijos.

7. La Rentabilidad Financiera (Rf) o ROE relaciona:

a) El Beneficio Antes de Impuestos (BAT) con los Fondos Propios.
b) El BAIT con el Activo Total.
c) Las Ventas con el Activo.
d) El Pasivo con el Neto.

8. La fórmula fundamental que relaciona la Rentabilidad Financiera con la Económica es:

a) Rf = Re + (Re - i) x (FA/FP).
b) Rf = Re - i.
c) Rf = Re x (FA/FP).
d) Rf = Re / i.

9. En la fórmula del apalancamiento financiero, ¿qué representa "i"?

a) La inflación.
b) El coste medio de la deuda o financiación ajena.
c) El impuesto de sociedades.
d) La inversión total.

10. Se dice que el apalancamiento financiero es POSITIVO cuando:

a) La Rentabilidad Económica es mayor que el coste de la deuda (Re > i).
b) La empresa no tiene deudas.
c) La Rentabilidad Económica es menor que el coste de la deuda (Re < i).
d) El Activo es igual al Pasivo.

En MADTEST tienes **más preguntas de este tema**, y todos tus avances quedan registrados y se reflejan en el ranking.

¡Supera tus límites con MADTEST!

Solución al test n.º 31

1. b) Estudiar las causas que provocan la diferencia de beneficio entre dos periodos consecutivos.

2. a) Variación en el margen, variación en el nivel de actividad y variación en el grado de ocupación.

3. c) Ingresos Totales - Costes de Explotación (sin incluir costes financieros).

4. b) La capacidad de los activos de la empresa para generar beneficio, independientemente de cómo se financien (BAIT / Activo Total).

5. b) Margen y Rotación.

6. c) Aumentar la rotación (vender más volumen con los mismos activos).

7. a) El Beneficio Antes de Impuestos (BAT) con los Fondos Propios.

8. a) Rf = Re + (Re - i) x (FA/FP).

9. b) El coste medio de la deuda o financiación ajena.

10. a) La Rentabilidad Económica es mayor que el coste de la deuda (Re > i).

El análisis financiero: La estructura de las fuentes de financiación. El equilibrio financiero. El control financiero

1. ¿Cuál es el objetivo principal del Análisis Financiero de una empresa?

a) Calcular el coste de producción de cada producto.
b) Estudiar la situación de la empresa respecto a su liquidez, solvencia y la estructura de sus fuentes de financiación.
c) Determinar la cuota de mercado frente a la competencia.
d) Auditar el cumplimiento de la normativa laboral.

2. ¿Qué instrumento se utiliza habitualmente en el análisis financiero para estudiar los flujos de fondos?

a) El libro diario.
b) La factura proforma.
c) El Estado de Origen y Aplicación de Fondos (EOAF).
d) El inventario físico de almacén.

3. Si realizamos un análisis financiero "estático", estamos estudiando:

a) La situación de la empresa en un momento concreto (como una fotografía del balance).
b) La evolución de la empresa a lo largo de varios años.
c) Los flujos de cobros y pagos exclusivamente.
d) Las variaciones de precios de mercado.

4. ¿Cómo se define el Fondo de Maniobra (o Fondo de Rotación) desde el punto de vista del corto plazo?

a) Activo No Corriente menos Pasivo No Corriente.
b) Patrimonio Neto más Pasivo No Corriente.
c) Tesorería menos Deudas.
d) Activo Corriente menos Pasivo Corriente.

5. Un Fondo de Maniobra positivo significa que:

a) Los Recursos Permanentes (Neto + Pasivo Fijo) financian no solo el Activo Fijo, sino también una parte del Activo Corriente.

b) La empresa está en quiebra.

c) El Activo Corriente es menor que las deudas a corto plazo.

d) La empresa no tiene liquidez.

6. ¿Qué situación financiera se caracteriza por tener un Fondo de Maniobra negativo?

a) Estabilidad financiera total.

b) Equilibrio financiero normal.

c) Desequilibrio financiero a corto plazo o Suspensión de Pagos técnica.

d) Superávit de tesorería.

7. La situación de "Máxima Estabilidad Financiera" se da cuando:

a) El Activo es igual al Pasivo Exigible.

b) La empresa no tiene deudas (Pasivo Exigible = 0) y todo el Activo se financia con Recursos Propios.

c) El Fondo de Maniobra es negativo.

d) Se debe mucho dinero a largo plazo.

8. ¿Cuándo se produce una situación de "Quiebra" o desequilibrio total?

a) Cuando falta dinero en la caja.

b) Cuando los beneficios son bajos.

c) Cuando hay muchas deudas a corto plazo.

d) Cuando el Activo Real es menor que el Pasivo Exigible (los Recursos Propios son negativos por pérdidas acumuladas).

9. El Periodo Medio de Maduración (PMM) Económico es el tiempo que transcurre desde:

a) Que se compra la materia prima hasta que se vende el producto.

b) Que se invierte una unidad monetaria en el ciclo de explotación hasta que se recupera mediante el cobro.

c) Que se paga al proveedor hasta que se cobra al cliente.

d) Que se fabrica el producto hasta que se almacena.

10. El Periodo Medio de Maduración Financiero se diferencia del Económico en que:

a) Se le resta el periodo medio de pago a proveedores (financiación de proveedores).

b) Es siempre mayor que el económico.

c) Solo tiene en cuenta los intereses.

d) Se le suma el tiempo de almacenamiento.

En MADTEST tienes **más preguntas de este tema**, y todos tus avances quedan registrados y se reflejan en el ranking.

¡Supera tus límites con MADTEST!

Solución al test n.º 32

1. b) Estudiar la situación de la empresa respecto a su liquidez, solvencia y la estructura de sus fuentes de financiación.

2. c) El Estado de Origen y Aplicación de Fondos (EOAF).

3. a) La situación de la empresa en un momento concreto (como una fotografía del balance).

4. d) Activo Corriente menos Pasivo Corriente.

5. a) Los Recursos Permanentes (Neto + Pasivo Fijo) financian no solo el Activo Fijo, sino también una parte del Activo Corriente.

6. c) Desequilibrio financiero a corto plazo o Suspensión de Pagos técnica.

7. b) La empresa no tiene deudas (Pasivo Exigible = 0) y todo el Activo se financia con Recursos Propios.

8. d) Cuando el Activo Real es menor que el Pasivo Exigible (los Recursos Propios son negativos por pérdidas acumuladas).

9. b) Que se invierte una unidad monetaria en el ciclo de explotación hasta que se recupera mediante el cobro.

10. a) Se le resta el periodo medio de pago a proveedores (financiación de proveedores).

Derecho Constitucional y Administrativo

**La Constitución Española de 1978: Características y estructura.
La Corona. Las Cortes Generales. El Gobierno. El Poder Judicial.
El Tribunal Constitucional. Derechos fundamentales y libertades públicas**

1. Por orden cronológico, España se constituye en un Estado:

a) Social, democrático y de Derecho.
b) De Derecho, social y democrático.
c) Democrático, social y de Derecho.
d) De Derecho, democrático y social.

2. El artículo 1 de la Constitución Española:

a) Establece en su primer apartado el tipo de Estado en que se constituye.
b) No contiene el tipo de Estado en que se constituye, esto se recoge más adelante, en el artículo 5, dado que no es lo más relevante.
c) No contiene el tipo de Estado en que se constituye porque todo el mundo ya lo sabe, no es necesario especificarlo.
d) Dispone que España es un Estado completamente liberal.

3. La primera cosa que regula la Constitución en su articulado es:

a) Los valores superiores del ordenamiento jurídico.
b) El himno.
c) La bandera.
d) Las festividades nacionales.

4. ¿Cuál de los siguientes no es un valor superior del ordenamiento jurídico, atendiendo a la literalidad del artículo 1 de la Constitución Española?

a) La eficiencia.
b) La justicia.
c) La igualdad.
d) El pluralismo político.

5. En base al artículo 1.2 de la Constitución Española, la soberanía nacional reside en:

a) El poder legislativo.
b) El presidente del Gobierno.

c) El pueblo español.
d) Las Cortes Generales.

6. Establece la Constitución Española que los poderes del Estado:

a) Emanan del pueblo español.
b) Emanan del poder constituido.
c) Emanan del Poder Ejecutivo.
d) Emanan de las Cortes Generales.

7. Atendiendo al artículo 1 de la Constitución Española, la forma política del Estado español es:

a) Una federación.
b) Una república.
c) Una monarquía parlamentaria.
d) Una monarquía.

8. En relación con esta forma política del Estado español:

a) Esta ha sido siempre la misma desde la creación del Estado.
b) Esta se ha mantenido inalterada en todas las Constituciones aprobadas a lo largo de los años.
c) En la Constitución de 1931 se concebía como una República democrática de trabajadores de toda clase.
d) Desde la Constitución de 1931 ha sido siempre una monarquía.

9. En relación con las autonomías, la Constitución:

a) No las reconoce.
b) Establece el principio de solidaridad entre ellas.
c) Se configuran como una confederación.
d) Son completamente independientes unas de las otras, lo único que comparten es su sumisión al Estado.

10. Atendido a lo dispuesto en los primeros artículos de la Constitución, se entiende que España:

a) Es una realidad de nueva creación.
b) Preexiste a la misma como una realidad política y social anterior a dicha Constitución.
c) Se crea como una realidad política y social durante el proceso de elaboración y aprobación de la Constitución.
d) Como realidad social es anterior a la Constitución, pero no como realidad política.

En MADTEST tienes **más preguntas de este tema**, y todos tus avances quedan registrados y se reflejan en el ranking.

¡Supera tus límites con MADTEST!

Solución al test n.º 1

1. d) De Derecho, democrático y social.

2. a) Establece en su primer apartado el tipo de Estado en que se constituye.

3. a) Los valores superiores del ordenamiento jurídico.

4. a) Cuál de los siguientes no es un valor superior del ordenamiento jurídico, atendiendo a la literalidad del artículo 1 de la Constitución Española?

5. c) El pueblo español.

6. a) Emanan del pueblo español.

7. c) Una monarquía parlamentaria

8. c) En la Constitución de 1931 se concebía como una República democrática de trabajadores de toda clase.

9. b) Establece el principio de solidaridad entre ellas.

10. b) Preexiste a la misma como una realidad política y social anterior a dicha Constitución.

La organización territorial del Estado en la Constitución. Las Comunidades Autónomas: Estructura y competencias. Los Estatutos de Autonomía: Caracteres y contenido. Las Entidades Locales

1. El Estado se organiza territorialmente en:

a) Municipios, comarcas y en las provincias que se constituyan.
b) Distritos, cabildos, comarcas, provincias y en las Comunidades Autónomas que se constituyan.
c) Municipios, provincias y en las Comunidades Autónomas que se constituyan.
d) Ciudades, provincias, comarcas y Comunidades Autónomas.

2. El Estado, velando por el establecimiento de un equilibrio económico, adecuado y justo, entre las diversas partes del territorio español, y atendiendo en particular a las circunstancias del hecho insular, garantiza la realización efectiva del principio de:

a) Igualdad.
b) Legalidad.
c) Solidaridad.
d) Justicia universal.

3. La Constitución garantiza expresamente en su artículo 140 la autonomía de:

a) Los municipios.
b) Las regiones.
c) Las comarcas.
d) Los territorios.

4. A tenor de la Constitución Española de 1978, ¿a quién corresponde el gobierno y administración de los municipios?

a) A sus respectivos Ayuntamientos, integrados por los Alcaldes y los Concejales.
b) A sus respectivos Ayuntamientos, integrados por los Alcaldes, Juntas de Gobierno Local y Concejales.
c) A sus Ayuntamientos, Concejales y vecinos.
d) A sus respectivos Alcaldes, Concejales y vecinos.

5. ¿Cómo serán elegidos los Concejales según dispone la Constitución Española?

a) Por el Alcalde o por los vecinos en la forma establecida en la ley.
b) Directamente por el Alcalde del municipio en la forma establecida en la ley.

c) Por los vecinos del municipio en la forma establecida por la ley.

d) Por el Alcalde con el respaldo de los vecinos.

6. ¿Cómo dispone la Constitución Española que serán elegidos los Alcaldes?

a) Siempre por los Concejales.

b) Únicamente por los vecinos mediante un sufragio universal, igual, libre, directo y secreto.

c) Por los Concejales o por los vecinos.

d) Por los Concejales mediante Acuerdo expreso.

7. La Constitución Española señala que cualquier alteración de los límites provinciales:

a) Habrá de ser aprobada por las Cortes Generales mediante ley orgánica.

b) Habrá de ser aprobada por el Congreso por mayoría absoluta.

c) Habrá de ser aprobada por el Gobierno en el plazo de 30 días desde la presentación de la propuesta.

d) Habrá de ser aprobada por el Congreso de los Diputados mediante ley orgánica.

8. El artículo 142 CE establece que las Haciendas Locales deberán disponer de los medios suficientes para el desempeño de las funciones que la ley atribuye a las Corporaciones respectivas y se nutrirán fundamentalmente de:

a) Tributos propios y de participación en los de las Comunidades Autónomas.

b) La participación en los tributos del Estado y de las Comunidades Autónomas.

c) Tributos propios y de participación en los del Estado y de las Comunidades Autónomas.

d) Tributos propios y de participación en los del Estado, de las Comunidades Autónomas y de las Diputaciones Provinciales.

9. ¿A quién corresponde la iniciativa del proceso autonómico según dispone la Constitución Española en el artículo 143.2?

a) Al órgano interinsular correspondiente.

b) A las Diputaciones interesadas cuando lo soliciten expresamente las dos terceras partes de sus miembros.

c) A las tres quintas partes de los municipios cuya población represente, al menos, la mayoría del censo electoral de cada provincia o isla.

d) A las tres cuartas partes de los municipios cuya población represente, al menos, la mayoría del censo electoral de cada provincia o isla y a todas las Diputaciones interesadas.

10. ¿En qué plazo deberán ser cumplidos los requisitos de iniciativa del proceso autonómico según lo dispuesto en el artículo 143.2 CE?

a) En el plazo de nueve meses desde el primer acuerdo adoptado al respecto por alguna de las Corporaciones locales interesadas.

b) En el plazo de seis meses desde el primer acuerdo adoptado al respecto por alguna de las Corporaciones locales interesadas.

c) En el plazo de tres meses desde el primer acuerdo adoptado al respecto por alguna de las Corporaciones locales interesadas.

d) En el plazo de tres meses desde el último acuerdo adoptado al respecto por alguna de las Corporaciones locales interesadas.

En MADTEST tienes **más preguntas de este tema**, y todos tus avances quedan registrados y se reflejan en el ranking.

¡Supera tus límites con MADTEST!

Solución al test n.º 2

1. c) Municipios, provincias y en las Comunidades Autónomas que se constituyan.

2. c) Solidaridad.

3. a) Los municipios.

4. a) A sus respectivos Ayuntamientos, integrados por los Alcaldes y los Concejales.

5. c) Por los vecinos del municipio en la forma establecida por la ley.

6. c) Por los Concejales o por los vecinos.

7. a) Habrá de ser aprobada por las Cortes Generales mediante ley orgánica.

8. c) Tributos propios y de participación en los del Estado y de las Comunidades Autónomas.

9. a) Al órgano interinsular correspondiente.

10. b) En el plazo de seis meses desde el primer acuerdo adoptado al respecto por alguna de las Corporaciones locales interesadas.

TEST N.º 3

**Políticas de igualdad y contra la violencia de género.
Discapacidad y dependencia: régimen jurídico**

1. ¿Qué artículo de la Constitución española consagra la igualdad de todos los españoles ante la ley?

a) El artículo 8.
b) El artículo 14.
c) El artículo 21.
d) El artículo 27.

2. Según su artículo 1, la LO 3/2007 tiene por objeto hacer efectivo el derecho de:

a) Conciliación de la vida laboral y familiar de mujeres y hombres.
b) Igualdad de trato y de oportunidades entre mujeres y hombres.
c) Participación en los asuntos públicos en igualdad de condiciones.
d) No discriminación por razón de sexo.

3. Las obligaciones establecidas en la LO 3/2007 son de aplicación:

a) A toda persona, física o jurídica, que se encuentre o actúe en territorio español, cualquiera que fuese su nacionalidad, domicilio o residencia.
b) A todos los ciudadanos españoles, ya sea en territorio español o territorio de cualquier país extranjero.
c) A toda persona, física o jurídica, que se encuentre o actúe en territorio español, con nacionalidad española.
d) A toda persona, física o jurídica, que resida en territorio español, cualquiera que fuese su nacionalidad.

4. Según el artículo 4 de la LO 3/2007, la igualdad de trato y de oportunidades entre mujeres y hombres:

a) Es un deber de las Administraciones Públicas.
b) Es una fuente formal del Derecho.
c) Es un principio informador del ordenamiento jurídico.
d) Es un objetivo fundamental del procedimiento administrativo.

5. El principio de igualdad de trato y de oportunidades entre mujeres y hombres:

a) Solo se aplica en el ámbito del empleo público.
b) Se garantizará incluso en el acceso al trabajo por cuenta propia.
c) No se aplica en la afiliación y participación en organizaciones sindicales o empresariales.
d) Se garantizará en los términos que prevean los convenios colectivos.

6. La situación en que se encuentra una persona que sea, haya sido o pudiera ser tratada, en atención a su sexo, de manera menos favorable que otra en situación comparable, se considera:

a) Discriminación directa.
b) Acoso sexual.
c) Discriminación indirecta.
d) Violencia de género.

7. Una diferencia de trato basada en una característica relacionada con el sexo, ¿constituye discriminación en el acceso al empleo?

a) Sí, en todo caso.
b) No, siempre que la formación necesaria se base en dicha característica.
c) No, siempre que dicha característica constituya un requisito profesional esencial y determinante.
d) No, si debido a la naturaleza de las actividades profesionales concretas o al contexto en el que se lleven a cabo, dicha característica constituya un requisito profesional esencial y determinante, siempre y cuando el objetivo sea legítimo y el requisito proporcionado.

8. En virtud del artículo 6.2 de la LO 3/2007, la situación en que una disposición, criterio o práctica aparentemente neutros pone a personas de un sexo en desventaja particular con respecto a personas del otro:

a) En cualquier caso constituirá discriminación directa.
b) En cualquier caso constituirá discriminación indirecta.
c) No se considera discriminación indirecta si dicha disposición, criterio o práctica pueden justificarse objetivamente en atención a una finalidad legítima y los medios para alcanzar dicha finalidad son necesarios y adecuados.
d) En ningún caso podrá considerarse discriminación.

9. Conforme al artículo 6.3 de la LO 3/2007, toda orden de discriminar por razón de sexo:

a) Solo se considera discriminatoria si se ordena discriminar directamente.
b) En ningún caso se puede considerar discriminatoria.
c) Solo se considera discriminatoria si ordena una discriminación indirecta.
d) En cualquier caso se considera discriminatoria, sea directa o indirecta.

10. A los efectos de la LO 3/2007, definimos como acoso sexual:

a) Cualquier comportamiento realizado en función del sexo de una persona, con el propósito o el efecto de atentar contra su dignidad y de crear un entorno intimidatorio, degradante u ofensivo.
b) La situación en que una disposición, criterio o práctica aparentemente neutros pone a personas de un sexo en desventaja particular con respecto a personas del otro, salvo que dicha disposición, criterio o práctica puedan justificarse objetivamente en atención a una finalidad legítima y que los medios para alcanzar dicha finalidad sean necesarios y adecuados.

c) Todo trato desfavorable a las mujeres relacionado con el embarazo o la maternidad.

d) Cualquier comportamiento, verbal o físico, de naturaleza sexual que tenga el propósito o produzca el efecto de atentar contra la dignidad de una persona, en particular cuando se crea un entorno intimidatorio, degradante u ofensivo.

En MADTEST tienes **más preguntas de este tema**, y todos tus avances quedan registrados y se reflejan en el ranking.

¡Supera tus límites con MADTEST!

Solución al test n.º 3

1. b) El artículo 14.

2. b) Igualdad de trato y de oportunidades entre mujeres y hombres.

3. a) A toda persona, física o jurídica, que se encuentre o actúe en territorio español, cualquiera que fuese su nacionalidad, domicilio o residencia.

4. c) Es un principio informador del ordenamiento jurídico.

5. b) Se garantizará incluso en el acceso al trabajo por cuenta propia.

6. a) Discriminación directa.

7. d) No, si debido a la naturaleza de las actividades profesionales concretas o al contexto en el que se lleven a cabo, dicha característica constituya un requisito profesional esencial y determinante, siempre y cuando el objetivo sea legítimo y el requisito proporcionado.

8. c) No se considera discriminación indirecta si dicha disposición, criterio o práctica pueden justificarse objetivamente en atención a una finalidad legítima y los medios para alcanzar dicha finalidad son necesarios y adecuados.

9. d) En cualquier caso se considera discriminatoria, sea directa o indirecta.

10. d) Cualquier comportamiento, verbal o físico, de naturaleza sexual que tenga el propósito o produzca el efecto de atentar contra la dignidad de una persona, en particular cuando se crea un entorno intimidatorio, degradante u ofensivo.

TEST N.º 4

Las fuentes del Derecho Administrativo. La Constitución. La Ley. Disposiciones del Gobierno con fuerza de ley: Decretos-leyes y Decretos legislativos. El Reglamento: Concepto, caracteres y clases. Límites de los reglamentos. Reglamentos ilegales

1. Señala cuál de las siguientes es una fuente indirecta de nuestro Derecho Administrativo:

a) Los Reglamentos.
b) La Jurisprudencia.
c) Los Principios Generales del Derecho.
d) La Costumbre.

2. ¿Qué tipo de fuente del Derecho Administrativo son los Reglamentos del Presidente del Gobierno?

a) Directa.
b) Indirecta.
c) Directa subsidiaria.
d) No son fuente de nuestro Derecho Administrativo.

3. ¿A quién atribuye la Constitución Española la titularidad de la potestad legislativa?

a) Únicamente al Estado.
b) A las Cortes Generales exclusivamente.
c) Al Estado y las Comunidades Autónomas.
d) Al Estado, a las Comunidades Autónomas y a las Corporaciones Locales.

4. ¿A quién atribuye el art. 91 de la Carta Magna la potestad para ordenar la inmediata publicación de las leyes aprobadas por las Cortes Generales?

a) Al Rey.
b) Al Presidente del Gobierno.
c) Al Presidente del Congreso de los Diputados.
d) Al Presidente de la Mesa de la Cámara Baja.

5. ¿Cómo se denominan las leyes por las que las Cortes Generales, en materia de competencia estatal, pueden atribuir a todas o a alguna de las Comunidades Autónomas la facultad de dictar, para sí mismas, normas legislativas en el marco de los principios, bases y directrices fijados por una ley estatal?

a) Leyes orgánicas.
b) Leyes ordinarias.
c) Leyes marco.
d) Leyes de armonización.

6. ¿En qué plazo sancionará el Rey las leyes aprobadas por las Cortes Generales?

a) Un mes.
b) Veinte días.
c) Quince días.
d) Diez días.

7. ¿Qué órgano de los siguientes promulga las leyes?

a) El Rey.
b) El Presidente del Gobierno.
c) Las Cortes Generales.
d) El Presidente del Congreso.

8. ¿Qué son los decretos legislativos?

a) Disposiciones del Gobierno sobre derechos y deberes fundamentales.
b) Disposiciones de las Cortes que contienen delegación legislativa.
c) Disposiciones del Poder Judicial que contienen delegación legislativa.
d) Disposiciones del Gobierno que contienen legislación delegada.

9. En caso de extraordinaria y urgente necesidad, ¿qué disposición legislativa provisional podrá dictar el Gobierno?

a) Decreto legislativo.
b) Ley de bases.
c) Ley orgánica.
d) Decreto ley.

10. Los decretos leyes deberán de ser inmediatamente sometidos a debate y votación de totalidad:

a) Al Senado.
b) Al Gobierno.
c) Al Congreso de los Diputados.
d) Todas las anteriores son correctas.

En MADTEST tienes **más preguntas de este tema**, y todos tus avances quedan registrados y se reflejan en el ranking.

¡Supera tus límites con MADTEST!

Solución al test n.º 4

1. b) La Jurisprudencia.

2. a) Directa.

3. c) Al Estado y las Comunidades Autónomas.

4. a) Al Rey.

5. c) Leyes marco.

6. c) Quince días.

7. a) El Rey.

8. d) Disposiciones del Gobierno que contienen legislación delegada.

9. d) Decreto ley.

10. c) Al Congreso de los Diputados.

Concepto de Administración Pública. La organización administrativa estatal central y periférica. Creación y competencias de los órganos administrativos. Tipos de entes públicos. Formas de gestión de los servicios públicos. El principio de legalidad. La autotutela de la Administración. La Administración electrónica. Normativa reguladora. Instrumentos para el acceso electrónico a las Administraciones Públicas: sedes electrónicas, canales y punto de acceso, identificación y autenticación. El Gobierno abierto, la transparencia, el acceso a la información pública, la participación en la rendición de cuentas y el buen gobierno. Normativa reguladora de la protección de datos personales: principios, derechos de las personas y ejercicios de los derechos

1. Se define como "dirección electrónica disponible para los ciudadanos a través de redes de telecomunicaciones cuya titularidad, gestión y administración corresponde a una Administración Pública, órgano o entidad administrativa en el ejercicio de sus competencias":

a) Sede electrónica.
b) Administración electrónica.
c) Página web de una Administración Pública.
d) Estándar abierto.

2. Los poderes que se inscriban en los registros electrónicos generales y particulares de apoderamientos tendrán una validez determinada máxima, a contar desde la fecha de inscripción, de:

a) 3 años.
b) 5 años.
c) 7 años.
d) 10 años.

3. La sede electrónica a través de la cual se facilita el acceso a los servicios y procedimientos de las distintas sedes electrónicas de la Administración Pública correspondiente, se conoce en la LPACAP como:

a) Punto general de acceso.
b) Oficina virtual de referencia.
c) Registro general electrónico.
d) Portal-sede.

4. No están obligados a relacionarse a través de medios electrónicos con las Administraciones Públicas para la realización de cualquier trámite de un procedimiento administrativo:

a) Las entidades sin personalidad jurídica.
b) Todo aquel que ostente la representación de un interesado.
c) Quienes ejerzan una actividad profesional para la que se requiera colegiación obligatoria, para los trámites y actuaciones que realicen con las Administraciones Públicas en ejercicio de dicha actividad profesional.
d) Las personas jurídicas.

5. En las disposiciones de creación de registros electrónicos no es necesario especificar:

a) Los días declarados como inhábiles.
b) La caducidad del registro.
c) El órgano o unidad responsable de su gestión.
d) La fecha y hora oficial.

6. A efectos del cómputo de plazo fijado en días hábiles o naturales, y en lo que se refiere a cumplimiento de plazos por los interesados, la presentación en un registro electrónico de una solicitud en un día inhábil:

a) Se entenderá efectuada en ese mismo momento, puesto que el registro electrónico no tiene días inhábiles.
b) Se entenderá realizada en la primera hora del primer día hábil siguiente, salvo que una norma permita expresamente la recepción en día inhábil.
c) Se entenderá realizada en la misma hora que se ha efectuado, pero del primer día hábil siguiente.
d) No tiene validez.

7. Para que la comparecencia electrónica del interesado produzca los efectos de notificación, se requerirá que:

a) Una vez producido el acceso a la notificación visualice un aviso del carácter de notificación de la actuación administrativa que tendrá dicho acceso.
b) El interesado firme electrónicamente y previamente su consentimiento.
c) El sistema de información correspondiente deje constancia de dicho acceso con indicación de fecha y hora.
d) La comparecencia electrónica no es forma de practicar una notificación.

8. Las notificaciones por medios electrónicos se entenderán practicadas:

a) En el momento de su emisión.
b) En el momento en que se produzca el acceso a su contenido.
c) En el momento que el interesado acredite su recepción.
d) En el plazo de 10 días naturales desde su puesta a disposición del interesado.

9. Aquella dimensión de la interoperabilidad relativa a que la información intercambiada pueda ser interpretable de forma automática y reutilizable por aplicaciones que no intervinieron en su creación, se denomina:

a) Interoperabilidad semántica.
b) Interoperabilidad técnica.

c) Interoperabilidad en el tiempo.
d) Interoperabilidad organizativa.

10. Según el artículo 21.4 de la Ley 39/2015 (LPACAP), las Administraciones Públicas deben publicar y mantener actualizadas en el portal web, a efectos informativos, las relaciones de procedimientos de su competencia, con indicación de los plazos máximos de duración de los mismos, así como de:

a) Los órganos que los tramitan.
b) Los efectos que produzca el silencio administrativo.
c) Los modelos de petición de información.
d) Los requisitos para la iniciación de los procedimientos a instancia de los interesados.

En MADTEST tienes **más preguntas de este tema**, y todos tus avances quedan registrados y se reflejan en el ranking.

¡Supera tus límites con MADTEST!

Solución al test n.º 5

1. a) Sede electrónica.

2. b) 5 años.

3. a) Punto general de acceso.

4. b) Todo aquel que ostente la representación de un interesado.

5. b) La caducidad del registro.

6. b) Se entenderá realizada en la primera hora del primer día hábil siguiente, salvo que una norma permita expresamente la recepción en día inhábil.

7. c) El sistema de información correspondiente deje constancia de dicho acceso con indicación de fecha y hora.

8. b) En el momento en que se produzca el acceso a su contenido.

9. a) Interoperabilidad semántica.

10. b) Los efectos que produzca el silencio administrativo.

TEST N.º 6

El acto administrativo: Concepto y caracteres. Diferentes clasificaciones de los actos administrativos Elementos del acto administrativo: Sujeto, objeto, fin y forma. Motivación de los actos administrativos. El silencio administrativo

1. Un acto complejo es aquel:

a) En el que intervienen, sucesivamente, en virtud de la tutela administrativa, dos órganos administrativos.
b) Que se adopta por un órgano colegiado.
c) En cuyo proceso de elaboración se ha evacuado el dictamen de un órgano consultivo.
d) En cuya emisión de voluntad han de intervenir, como mínimo, dos órganos administrativos.

2. Según provengan de un solo órgano administrativo o de dos o más órganos administrativos, los actos administrativos se clasifican en:

a) Actos únicos y actos múltiples.
b) Actos de trámite y actos complejos.
c) Actos simples y complejos.
d) Actos básicos y actos complejos.

3. El acto administrativo está sujeto al principio de legalidad:

a) Siempre.
b) Cuando se trate de actos reglados.
c) Según los casos.
d) No necesariamente.

4. Cuando la Administración Pública actúa como persona de Derecho Privado:

a) Solo puede ser controlada por los Tribunales contencioso-administrativos.
b) No dicta actos administrativos.
c) Su actividad es puramente discrecional.
d) Puede actuar sin límite alguno, como cualquier particular.

5. El interés público convierte a los actos administrativos en:

a) Susceptibles de impugnación directa.
b) Reglados, en parte.

c) Discrecionales.
d) Nada de lo anterior.

6. El acto que da fin a un expediente administrativo es un/una:

a) Propuesta.
b) Acto definitivo.
c) Informe con propuesta de resolución.
d) Acto trámite.

7. Un ejemplo de acto de trámite es un/una:

a) Decisión con que concluye el procedimiento.
b) Renuncia.
c) Informe emitido en un procedimiento.
d) Ninguno de ellos lo es.

8. Según pongan fin al expediente administrativo o formen parte del mismo, como una fase del mismo, sin tener carácter resolutivo, los actos administrativos se clasifican en:

a) Actos definitivos y actos de trámite.
b) Actos propios y actos impropios.
c) Actos básicos y actos de trámite.
d) Actos únicos y actos múltiples.

9. Según que la Administración, al dictarlos, se limite a aplicar una norma que le señala clara-mente la decisión a adoptar en el supuesto del hecho de que se trate, o tenga libertad en la emi-sión de dicho acto, pudiendo optar entre diversas alternativas que la ley le ofrece, pero sin olvi-dar que el fin de toda su actuación es el interés general, los actos administrativos se clasifican en:

a) Actos únicos y actos múltiples.
b) Actos de trámite y actos complejos.
c) Actos directos y actos indirectos
d) Actos reglados y actos discrecionales.

10. Cuando algo necesariamente forma parte de un acto administrativo, hablamos de contenido:

a) Natural.
b) Legal.
c) Eventual.
d) Implícito.

En MADTEST tienes **más preguntas de este tema**, y todos tus avances quedan registrados y se reflejan en el ranking.

¡Supera tus límites con MADTEST!

Solución al test n.º 6

1. d) En cuya emisión de voluntad han de intervenir, como mínimo, dos órganos administrativos.

2. c) Actos simples y complejos.

3. a) Siempre.

4. b) No dicta actos administrativos.

5. b) Reglados, en parte.

6. b) Acto definitivo.

7. c) Informe emitido en un procedimiento.

8. a) Actos definitivos y actos de trámite.

9. d) Actos reglados y actos discrecionales.

10. a) Natural.

Eficacia del acto administrativo: Notificación y publicación. Ejecutoriedad de los actos administrativos. Validez e invalidez del acto administrativo. Revisión de oficio de los actos administrativos

1. Según dispone el art. 41 LPACAP, las notificaciones se practicarán preferentemente:

a) Por la vía postal.
b) Telefónicamente.
c) Por medios electrónicos.
d) Por el medio más rápido y económico para la Administración.

2. En la notificación de todo acto administrativo no es necesario que conste siempre:

a) Su texto íntegro.
b) Los recursos que contra el mismo procedan.
c) Los motivos en que se basa la decisión.
d) El plazo de interposición de los recursos.

3. ¿En qué supuestos la notificación se hará por medio de un anuncio publicado en el Boletín Oficial del Estado?

a) Cuando se ignore el lugar de la notificación.
b) Cuando los interesados en un procedimiento sean conocidos.
c) Cuando intentada la notificación, no se hubiera podido practicar.
d) Las respuestas a) y c) son correctas.

4. Cuando la notificación se practique en el domicilio del interesado, de no hallarse presente, podrá hacerse cargo de la misma cualquier persona que se encuentre en el domicilio, haga constar su identidad y sea:

a) Mayor de catorce años.
b) Mayor de dieciséis años.
c) Mayor de dieciocho años.
d) Mayor de veintiún años.

5. Cuando la notificación por medios electrónicos sea de carácter obligatorio, se entenderá rechazada cuando:

a) Hayan transcurrido veinte días naturales desde la puesta a disposición de la notificación sin que se acceda a su contenido.

b) Hayan transcurrido diez días naturales desde la puesta a disposición de la notificación sin que se acceda a su contenido.

c) Hayan transcurrido diez días hábiles desde la puesta a disposición de la notificación sin que se acceda a su contenido.

d) Hayan transcurrido veinte días hábiles desde la puesta a disposición de la notificación sin que se acceda a su contenido.

6. Señala la respuesta incorrecta. La eficacia del acto administrativo puede cesar definitivamente por:

a) El incumplimiento de la condición resolutoria a que pudiera estar sujeto.

b) El transcurso del plazo señalado en el acto, si estaba limitado en el tiempo.

c) La anulación o revocación del propio acto.

d) La desaparición de los presupuestos de hecho que motivaron que se dictase.

7. La compulsión sobre las personas:

a) Deriva de la propia esencia del acto administrativo.

b) Deriva del principio de ejecutividad de los actos administrativos.

c) Deriva de la posibilidad en manos de la Administración Pública de ejecutar forzosamente algunos actos administrativos.

d) Es similar al lanzamiento administrativo.

8. ¿Cuál es el medio utilizado por la Administración para el cobro de las cantidades líquidas adeudadas a la misma que voluntariamente no han sido abonadas por los obligados a ello?

a) Apremio sobre el patrimonio.

b) Multa coercitiva.

c) Ejecución subsidiaria.

d) Compulsión sobre las personas.

9. Las resoluciones administrativas que vulneren lo establecido en una disposición reglamentaria son:

a) Nulas.

b) Válidas.

c) Anulables.

d) Temporalmente válidas.

10. La compulsión sobre las personas no procede en los actos que:

a) Comporten una obligación no personalísima de hacer.

b) Esta obligación sea personalísima de no hacer.

c) Esta obligación sea personalísima de soportar.

d) Se dé cualquiera de las circunstancias anteriores.

En MADTEST tienes **más preguntas de este tema**, y todos tus avances quedan registrados y se reflejan en el ranking.

¡Supera tus límites con MADTEST!

Solución al test n.º 7

1. c) Por medios electrónicos.

2. c) Los motivos en que se basa la decisión.

3. d) Las respuestas a) y c) son correctas.

4. a) Mayor de catorce años.

5. b) Hayan transcurrido diez días naturales desde la puesta a disposición de la notificación sin que se acceda a su contenido.

6. a) El incumplimiento de la condición resolutoria a que pudiera estar sujeto.

7. c) Deriva de la posibilidad en manos de la Administración Pública de ejecutar forzosamente algunos actos administrativos.

8. a) Apremio sobre el patrimonio.

9. a) Nulas .

10. a) Comporten una obligación no personalísima de hacer.

Los contratos del Sector Público: Tipos contractuales y régimen jurídico. Elementos de los contratos administrativos. La preparación de los contratos: el expediente de contratación. Procedimientos de adjudicación. Criterios de adjudicación. Efectos, cumplimiento y extinción de los contratos

1. La contratación administrativa en el sector público viene regulada por:

a) La Ley 9/2017, de 8 de noviembre.
b) La Ley 6/2017, de 24 de octubre.
c) La Ley 3/2017, de 27 de junio.
d) La Ley 4/2017, de 25 de septiembre.

2. Están incluidos en el ámbito de la Ley de Contratos del Sector Público:

a) La relación de servicio de los funcionarios públicos y los contratos regulados en la legislación laboral.
b) Las relaciones jurídicas consistentes en la prestación de un servicio público cuya utilización por los usuarios requiera el abono de una tarifa, tasa o precio público de aplicación general.
c) Los contratos relativos a servicios de arbitraje y conciliación.
d) Los contratos onerosos, cualquiera que sea su naturaleza jurídica, que celebren las Mutuas de Accidentes de Trabajo y Enfermedades Profesionales de la Seguridad Social.

3. Los contratos que tienen por objeto la adquisición, el arrendamiento financiero, o el arrendamiento, con o sin opción de compra, de productos o bienes muebles, son:

a) Contratos de servicios.
b) Contratos de suministro.
c) Contratos de obras.
d) Contratos de gestión de servicios públicos.

4. No se consideran contratos de suministros:

a) Aquellos en los que el empresario se obligue a entregar una pluralidad de bienes de forma sucesiva y por precio unitario sin que la cuantía total se defina con exactitud al tiempo de celebrar el contrato, por estar subordinadas las entregas a las necesidades del adquirente.
b) Los que tengan por objeto la adquisición y el arrendamiento de equipos y sistemas de telecomunicaciones o para el tratamiento de la información, sus dispositivos y programas, y la cesión del derecho de uso de estos últimos.

c) Los de adquisición de programas de ordenador desarrollados a medida.

d) Los de fabricación, por los que la cosa o cosas que hayan de ser entregadas por el empresario deban ser elaboradas con arreglo a características peculiares fijadas previamente por la entidad contratante, aun cuando esta se obligue a aportar, total o parcialmente, los materiales precisos.

5. De los siguientes, son contratos privados los contratos celebrados por una Administración Pública que tengan por objeto:

a) La suscripción a revistas, publicaciones periódicas y bases de datos.
b) La concesión de servicios públicos.
c) Los contratos de colaboración entre el sector público y el sector privado.
d) La adquisición de suministros.

6. Conforme al artículo 3.4 de la Ley 9/2017, los partidos políticos, cuando cumplan los requisitos para ser poder adjudicador y respecto de los contratos sujetos a regulación armonizada, deberán actuar conforme a los principios de publicidad, concurrencia, transparencia, igualdad y:

a) No discriminación.
b) Eficacia.
c) Sometimiento a las leyes.
d) Legitimidad.

7. En un contrato de concesión de obras, cuando no esté garantizado que, en condiciones normales de funcionamiento, el concesionario vaya a recuperar las inversiones realizadas ni a cubrir los costes en que hubiera incurrido como consecuencia de la explotación de las obras que sean objeto de la concesión, se considerará que el mismo asume un riesgo:

a) Operacional.
b) Virtual.
c) General.
d) Provisional.

8. Deberá elaborarse un proyecto y tramitarse como la Ley 9/2017 dispone para los contratos de obras, el contrato mixto en que un elemento del contrato sea una obra y esta supere:

a) Los 50.000 euros.
b) Los 100.000 euros.
c) Los 5.000 euros.
d) Los 10.000 euros.

9. No podrán ser objeto de los contratos de servicios:

a) Los que impliquen ejercicio de la autoridad inherente a los poderes públicos.
b) Los que impliquen el desarrollo o mantenimiento de aplicaciones informáticas.
c) Los que tengan por objeto el desarrollo y la puesta a disposición de productos protegidos por un derecho de propiedad intelectual o industrial.
d) Los que tengan por objeto la prestación de actividades docentes en centros del sector público desarrolladas en forma de cursos de formación o perfeccionamiento del personal al servicio de la Administración.

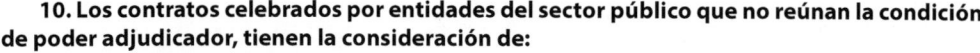

10. Los contratos celebrados por entidades del sector público que no reúnan la condición de poder adjudicador, tienen la consideración de:

a) Contratos administrativos.
b) Contratos privados.
c) Contratos administrativos especiales.
d) Contratos mixtos.

En MADTEST tienes **más preguntas de este tema**, y todos tus avances quedan registrados y se reflejan en el ranking.

¡Supera tus límites con MADTEST!

Solución al test n.º 8

1. a) La Ley 9/2017, de 8 de noviembre.

2. d) Los contratos onerosos, cualquiera que sea su naturaleza jurídica, que celebren las Mutuas de Accidentes de Trabajo y Enfermedades Profesionales de la Seguridad Social.

3. b) Contratos de suministro.

4. c) Los de adquisición de programas de ordenador desarrollados a medida.

5. a) La suscripción a revistas, publicaciones periódicas y bases de datos.

6. a) No discriminación.

7. a) Operacional.

8. a) Los 50.000 euros.

9. a) Los que impliquen ejercicio de la autoridad inherente a los poderes públicos.

10. b) Contratos privados.

TEST N.º 9

**La responsabilidad patrimonial de la Administración Pública:
Régimen vigente. Requisitos para que proceda la indemnización.
Responsabilidad de las autoridades y funcionarios. Requisitos.
Plazos de reclamación y procedimiento**

1. ¿Qué artículo de la Carta Magna dispone que «nadie podrá ser privado de sus bienes y derechos sino por causa justificada de utilidad pública o interés social, mediante la correspondiente indemnización y de conformidad con lo dispuesto por las Leyes»?

a) El artículo 19.3.
b) El artículo 30.1.
c) El artículo 33.3.
d) El artículo 47.1.

2. ¿A quién corresponde fijar el importe de las indemnizaciones que proceda abonar cuando el Tribunal Constitucional haya declarado, a instancia de parte interesada, la existencia de un funcionamiento anormal en la tramitación de los recursos de amparo o de las cuestiones de inconstitucionalidad?

a) Al Presidente del Gobierno.
b) Al Consejo de Estado.
c) Al Consejo de Ministros.
d) A la persona titular del Ministerio de Hacienda y Función Pública.

3. En el procedimiento para la exigencia de la responsabilidad patrimonial de las autoridades y personal al servicio de las Administraciones Públicas se establecerá un plazo para la práctica de las pruebas admitidas y cualesquiera otras que el órgano competente estime oportunas, de:

a) Siete días.
b) Diez días.
c) Quince días.
d) Veinte días.

4. Señala la respuesta incorrecta:

a) Solo serán indemnizables las lesiones producidas al particular provenientes de daños que este no tenga el deber jurídico de soportar de acuerdo con la Ley.

b) La exigencia de responsabilidad penal del personal al servicio de las Administraciones Públicas no suspenderá los procedimientos de reconocimiento de responsabilidad patrimonial que se instruyan, salvo que la determinación de los hechos en el orden jurisdiccional penal sea necesaria para la fijación de la responsabilidad patrimonial.

c) No son indemnizables los daños que se deriven de hechos o circunstancias que no se hubiesen podido prever o evitar según el estado de los conocimientos de la ciencia o de la técnica existentes en el momento de producción de aquellos, sin perjuicio de las prestaciones asistenciales o económicas que las leyes puedan establecer para estos casos.

d) El artículo 24.1 LPACAP señala que el silencio tendrá efecto estimatorio en los procedimientos de responsabilidad patrimonial de las Administraciones Públicas.

5. A tenor del artículo 67 LPACAP, los interesados solo podrán solicitar el inicio de un procedimiento de responsabilidad patrimonial, cuando no haya prescrito su derecho a reclamar. ¿Cuándo prescribirá el derecho a reclamar?

a) Al mes de producido el hecho o el acto que motive la indemnización o se manifieste su efecto lesivo.

b) A los tres meses de producido el hecho o el acto que motive la indemnización o se manifieste su efecto lesivo.

c) Al año de producido el hecho o el acto que motive la indemnización o se manifieste su efecto lesivo.

d) A los dos años de producido el hecho o el acto que motive la indemnización o se manifieste su efecto lesivo.

6. ¿Cuándo empezará a computarse el plazo de prescripción del derecho a reclamar en caso de daños de carácter físico o psíquico a las personas?

a) Desde la curación o la determinación del alcance de las secuelas.

b) Desde el día siguiente a la curación o la determinación del alcance de las secuelas.

c) Desde el día en que se produjeron los daños físicos o psíquicos.

d) Al mes de la curación o la determinación del alcance de las secuelas.

7. Según dispone expresamente el artículo 81 LPACAP (sobre los informes y dictámenes en los procedimientos de responsabilidad patrimonial), en el caso de los procedimientos de responsabilidad patrimonial será preceptivo solicitar informe al servicio cuyo funcionamiento haya ocasionado la presunta lesión indemnizable, no pudiendo exceder el plazo de su emisión de:

a) Un mes.

b) Veinte días.

c) Quince días.

d) Diez días.

8. Será preceptivo solicitar dictamen del Consejo de Estado o, en su caso, del órgano consultivo de la Comunidad Autónoma, cuando las indemnizaciones reclamadas sean de cuantía igual o superior a:

a) 12.000 euros o a la que se establezca en la correspondiente legislación autonómica.

b) 30.000 euros o a la que se establezca en la correspondiente legislación autonómica.

c) 35.000 euros o a la que se establezca en la correspondiente legislación autonómica.

d) 50.000 euros o a la que se establezca en la correspondiente legislación autonómica.

9. En el caso de reclamaciones en materia de responsabilidad patrimonial del Estado por el funcionamiento anormal de la Administración de Justicia, será preceptivo el informe de:

a) El Consejo de Ministros.
b) El Consejo General del Poder Judicial.
c) El Ministerio de Hacienda y Función Pública.
d) El Ministerio de Justicia.

10. Respecto a la pregunta anterior, ¿en qué plazo máximo habrá de ser emitido dicho informe por el órgano establecido al efecto?

a) Veinte días.
b) Un mes.
c) Dos meses.
d) Tres meses.

En MADTEST tienes **más preguntas de este tema**, y todos tus avances quedan registrados y se reflejan en el ranking.

¡Supera tus límites con MADTEST!

Solución al test n.º 9

1. c) El artículo 33.3.

2. c) Al Consejo de Ministros.

3. c) Quince días.

4. d) El artículo 24.1 LPACAP señala que el silencio tendrá efecto estimatorio en los procedimientos de responsabilidad patrimonial de las Administraciones Públicas.

5. c) Al año de producido el hecho o el acto que motive la indemnización o se manifieste su efecto lesivo.

6. a) Desde la curación o la determinación del alcance de las secuelas.

7. d) Diez días.

8. d) 50.000 euros o a la que se establezca en la correspondiente legislación autonómica.

9. b) El Consejo General del Poder Judicial.

10. c) Dos meses.

TEST N.º 10

El procedimiento administrativo. Los interesados. Derechos de los ciudadanos en el procedimiento administrativo. Derecho y obligación de relacionarse electrónicamente con las Administraciones Públicas. Los recursos administrativos: concepto y clases

1. Salvo en el caso de que en la norma correspondiente se fije plazo distinto, los trámites que deban ser cumplimentados por los interesados deberán realizarse:

a) En el plazo de un mes a partir del siguiente al de la notificación del correspondiente acto.
b) En el plazo de veinte días a partir del siguiente al de la notificación del correspondiente acto.
c) En el plazo de quince días a partir del siguiente al de la notificación del correspondiente acto.
d) En el plazo de diez días a partir del siguiente al de la notificación del correspondiente acto.

2. Señala la respuesta correcta respecto a la emisión de informes:

a) Salvo disposición expresa en contrario, los informes serán facultativos y vinculantes.
b) Los informes serán emitidos a través de medios electrónicos en el plazo de quince días, salvo que una disposición o el cumplimiento del resto de los plazos del procedimiento permita o exija otro plazo mayor o menor.
c) El informe emitido fuera de plazo podrá no ser tenido en cuenta al adoptar la correspondiente resolución.
d) Cuando se soliciten informes preceptivos a un órgano de la misma o distinta Administración, por el tiempo que medie entre la petición, que deberá comunicarse a los interesados, y la recepción del informe, que igualmente deberá ser comunicada a los mismos. Este plazo de suspensión no podrá exceder en ningún caso de un mes.

3. ¿De qué plazo disponen los interesados durante el trámite de audiencia para alegar y presentar los documentos y justificaciones que estimen pertinentes?

a) No inferior a quince ni superior a un mes.
b) No inferior a diez días ni superior a quince.
c) Quince días.
d) Siete días hábiles.

4. A tenor del art. 84 de la Ley 39/2015, de 1 de octubre, del Procedimiento Administrativo Común de las Administraciones Públicas, pondrán fin al procedimiento la resolución:

a) El desistimiento.
b) La renuncia al derecho en que se funde la solicitud.

c) La declaración de caducidad.
d) Todas las respuestas son correctas.

5. ¿Cuál es la forma especial de terminación del procedimiento administrativo?

a) La resolución.
b) La declaración de caducidad.
c) La terminación convencional.
d) El desistimiento.

6. El acuerdo de realización de actuaciones complementarias se notificará a los interesados, concediéndoseles un plazo para formular las alegaciones que tengan por pertinentes tras la finalización de las mismas, de:

a) Siete días.
b) Diez días.
c) Quince días.
d) Un mes.

7. En los procedimientos iniciados a solicitud del interesado, cuando se produzca su paralización por causa imputable al mismo, la Administración le advertirá de que se producirá la caducidad del procedimiento, transcurrido:

a) Quince días.
b) Veinte días.
c) Un mes.
d) Tres meses.

8. Señala la respuesta incorrecta respecto a la caducidad:

a) La caducidad no producirá por sí sola la prescripción de las acciones del particular o de la Administración, pero los procedimientos caducados interrumpirán el plazo de prescripción.
b) No podrá acordarse la caducidad por la simple inactividad del interesado en la cumplimentación de trámites, siempre que no sean indispensables para dictar resolución.
c) Podrá no ser aplicable la caducidad en el supuesto de que la cuestión suscitada afecte al interés general, o fuera conveniente sustanciarla para su definición y esclarecimiento.
d) En los casos en los que sea posible la iniciación de un nuevo procedimiento por no haberse producido la prescripción, podrán incorporarse a éste los actos y trámites cuyo contenido se hubiera mantenido igual de no haberse producido la caducidad.

9. ¿Qué recurso cabe contra el acuerdo de acumulación?

a) Ninguno.
b) Recurso de alzada.
c) Recurso de reposición.
d) Recurso extraordinario de revisión.

10. ¿De acuerdo con qué principio se acordarán en un solo acto todos los trámites que, por su naturaleza, admitan un impulso simultáneo y no sea obligado su cumplimiento sucesivo?

a) Con el principio de oficialidad.
b) Con el principio de eficacia.
c) Con el principio de simplificación administrativa.
d) Con el principio de eficacia.

En MADTEST tienes **más preguntas de este tema**, y todos tus avances quedan registrados y se reflejan en el ranking.

¡Supera tus límites con MADTEST!

Solución al test n.º 10

1. d) En el plazo de diez días a partir del siguiente al de la notificación del correspondiente acto.

2. c) El informe emitido fuera de plazo podrá no ser tenido en cuenta al adoptar la correspondiente resolución.

3. b) No inferior a diez días ni superior a quince.

4. d) Todas las respuestas son correctas.

5. c) La terminación convencional.

6. a) Siete días.

7. d) Tres meses.

8. a) La caducidad no producirá por sí sola la prescripción de las acciones del particular o de la Administración, pero los procedimientos caducados interrumpirán el plazo de prescripción.

9. a) Ninguno.

10. c) Con el principio de simplificación administrativa.

TEST N.º 11

La jurisdicción contencioso-administrativa: Naturaleza, extensión y límites. Órganos de la jurisdicción contencioso-administrativa. Las partes en el proceso contencioso-administrativo: Capacidad, legitimación y defensa. Principales aspectos del proceso contencioso-administrativo. La sentencia. Recursos contra sentencias

1. ¿De qué tipo de actos conoce la Jurisdicción Contencioso-Administrativa en virtud del art. 2 la Ley 29/1998, de 13 de julio, reguladora de la Jurisdicción Contencioso-administrativa, LJCA?

a) Solo los actos normativos con rango de ley.
b) Solo los actos civiles de las partes privadas.
c) Los actos administrativos sujetos a Derecho Administrativo.
d) Únicamente los contratos entre particulares.

2. ¿Cuál de los siguientes órganos forma parte de la organización jurisdiccional contencioso-administrativa según la LJCA y la LOPJ?

a) Juzgados de Paz.
b) Secciones de lo Contencioso-Administrativo de los Tribunales de Instancia.
c) Tribunales de Cuentas autonómicos.
d) Juzgados de Menores.

3. ¿Qué competencia tiene la Sección de lo Contencioso-Administrativo del Tribunal Central de Instancia, conforme al art. 95 LOPJ?

a) Conocer de recursos contra actos de autoridades con competencia solo provincial.
b) Conocer, en primera o única instancia, de recursos contra actos de autoridades con competencia en todo el territorio nacional.
c) Resolver únicamente recursos en materia laboral.
d) Conocer de recursos penales contra altos cargos.

4. ¿Cuál de los siguientes asuntos corresponde, en única instancia, a las Salas de lo Contencioso-Administrativo de los Tribunales Superiores de Justicia según el art. 10.1 LJCA?

a) Los actos del Consejo de Ministros.
b) Los actos de las Entidades locales y de las Administraciones autonómicas no atribuidos a los Juzgados de lo Contencioso-Administrativo.

c) Los actos del Tribunal Constitucional.
d) Los actos de las Juntas Electorales Centrales.

5. ¿De qué recursos conocen en segunda instancia las Salas de lo Contencioso-Administrativo de los Tribunales Superiores de Justicia?

a) De las apelaciones contra sentencias de los Juzgados de lo Contencioso-Administrativo.
b) De la casación contra sentencias del Tribunal Supremo.
c) De los recursos de amparo constitucional.
d) De los recursos penales ordinarios.

6. Según el art. 11 LJCA, ¿de qué actos conocen en única instancia las Salas de lo Contencioso-Administrativo de la Audiencia Nacional?

a) De los actos de los Alcaldes de municipios.
b) De las resoluciones de los Juzgados de lo Social.
c) De los actos de los Presidentes de Diputación Provincial únicamente.
d) De las disposiciones generales y actos de Ministros y Secretarios de Estado.

7. ¿De qué asuntos conoce en única instancia la Sala de lo Contencioso-Administrativo del Tribunal Supremo, según el art. 12.1 LJCA?

a) De los actos de los Tribunales Económico-Administrativos Regionales.
b) De los actos y disposiciones del Consejo de Ministros y de las Comisiones Delegadas del Gobierno.
c) De los actos de las Entidades Locales de menos de 20.000 habitantes.
d) De los actos de las Universidades privadas.

8. ¿Quiénes tienen capacidad procesal ante el orden contencioso-administrativo según el art. 18 LJCA?

a) Solo las personas mayores de edad.
b) Solo las personas jurídicas públicas.
c) Personas con capacidad según la Ley de Enjuiciamiento Civil y determinados menores para la defensa de sus derechos permitidos por el ordenamiento.
d) Exclusivamente las Administraciones Públicas.

9. De acuerdo con el art. 19.1 LJCA, ¿quién está legitimado para interponer recurso contencioso-administrativo?

a) Solo quien tenga un derecho subjetivo.
b) Personas físicas o jurídicas que ostenten un derecho o interés legítimo.
c) Solo las asociaciones declaradas de utilidad pública.
d) Únicamente el Ministerio Fiscal.

10. Según el art. 21 LJCA, ¿quién puede ser parte demandada en el recurso contencioso-administrativo?

a) Únicamente la Administración del Estado.
b) Solo la Administración autora del acto.

c) Las Administraciones públicas y las personas o entidades cuyos intereses pudieran verse afectados por la estimación del recurso.

d) Solo los particulares interesados.

Solución al test n.º 11

1. c) Los actos administrativos sujetos a Derecho Administrativo.

2. b) Secciones de lo Contencioso-Administrativo de los Tribunales de Instancia.

3. b) Conocer, en primera o única instancia, de recursos contra actos de autoridades con competencia en todo el territorio nacional.

4. b) Los actos de las Entidades locales y de las Administraciones autonómicas no atribuidos a los Juzgados de lo Contencioso-Administrativo.

5. a) De las apelaciones contra sentencias de los Juzgados de lo Contencioso-Administrativo.

6. d) De las disposiciones generales y actos de Ministros y Secretarios de Estado.

7. b) De los actos y disposiciones del Consejo de Ministros y de las Comisiones Delegadas del Gobierno.

8. c) Personas con capacidad según la Ley de Enjuiciamiento Civil y determinados menores para la defensa de sus derechos permitidos por el ordenamiento.

9. b) Personas físicas o jurídicas que ostenten un derecho o interés legítimo.

10. c) Las Administraciones públicas y las personas o entidades cuyos intereses pudieran verse afectados por la estimación del recurso.

Los funcionarios públicos: Concepto y clases. El Estatuto Básico del Empleado Público. Situaciones de los funcionarios. Derechos y deberes. Régimen disciplinario de los funcionarios públicos. El régimen de incompatibilidades

1. El empleo en el sector público se caracteriza por estar configurado por un modelo:

a) Unitario de personal funcionario.
b) Unitario de personal estatutario.
c) Dual de regímenes jurídicos, personal funcionario y personal laboral.
d) De tres regímenes jurídicos, personal funcionario, personal laboral y personal de designación.

2. El EBEP contiene:

a) Aquello que es común al conjunto de los empleados públicos de todas las Administraciones Públicas.
b) Las normas legales específicas aplicables a los empleados públicos de todas las Administraciones Públicas.
c) Aquello que es común al conjunto de los funcionarios de todas las Administraciones Públicas, más las normas legales específicas aplicables al personal laboral a su servicio.
d) Aquello que es común al conjunto del personal laboral de todas las Administraciones Públicas, más las normas legales específicas aplicables al personal funcionario a su servicio.

3. Según su artículo 1.1, es objeto del EBEP establecer las .... del régimen estatutario de los funcionarios públicos incluidos en su ámbito de aplicación. Señalar la palabra que falta en la anterior frase:

a) Peculiaridades.
b) Especialidades.
c) Excepciones.
d) Bases.

4. Se regirá por la legislación específica dictada por el Estado y por las comunidades autónomas en el ámbito de sus respectivas competencias y por lo previsto en el EBEP, excepto el capítulo II del título III (salvo el artículo 20), y los artículos 22.3, 24 y 84:

a) El personal funcionario de las Universidades Públicas.
b) El personal funcionario y en lo que proceda el personal laboral al servicio de las Administraciones de las entidades locales.

c) El personal estatutario de los servicios de salud.

d) El personal funcionario y laboral al servicio de las Administraciones de las comunidades autónomas.

5. Para todo el personal de las Administraciones Públicas no incluido en su ámbito de aplicación, el EBEP tendrá carácter:

a) Consultivo.
b) Voluntario.
c) Supletorio.
d) Interpretativo.

6. Las disposiciones del EBEP sólo se aplicarán directamente cuando así lo disponga su legislación específica al siguiente personal:

a) El personal funcionario de las entidades locales.
b) El personal estatutario de los Servicios de Salud.
c) Personal de las Fuerzas y Cuerpos de Seguridad.
d) El personal docente.

7. El Texto Refundido del Estatuto Básico del Empleado Público se aplicará directamente, sin necesidad de que lo disponga su legislación específica, al siguiente personal:

a) Personal funcionario de las Cortes Generales.
b) Personal del Centro Nacional de Inteligencia.
c) Personal de las Universidades Públicas.
d) Personal funcionario de las Asambleas Legislativas de las Comunidades Autónomas.

8. Según el artículo 1.3. del Texto Refundido de la Ley del Estatuto Básico del Empleado Público, uno de los fundamentos de actuación reflejados por el EBEP es:

a) Eficacia y calidad en la gestión.
b) Transparencia y participación en la gestión.
c) Libertad e independencia en la gestión.
d) Evaluación y responsabilidad en la gestión.

9. El artículo 8 del Texto Refundido de la Ley del Estatuto Básico del Empleado Público, aprobado por el Real Decreto Legislativo 5/2015, de 30 de octubre, define como aquellos quienes desempeñan funciones retribuidas en las Administraciones Públicas al servicio de los intereses generales:

a) A los Funcionarios públicos.
b) A los Empleados públicos.
c) Al Personal laboral de las Administraciones Públicas.
d) Al personal estatutario.

10. Corresponden en exclusiva a los funcionarios públicos, en los términos que en la ley de desarrollo de cada Administración Pública se establezca, el ejercicio de las funciones que impliquen la participación directa o indirecta:

a) En el archivo y documentación de información administrativa.
b) En tareas administrativas.
c) En el ejercicio de las potestades públicas.
d) En las tareas directivas.

En MADTEST tienes **más preguntas de este tema**, y todos tus avances quedan registrados y se reflejan en el ranking.

¡Supera tus límites con MADTEST!

Solución al test n.º 12

1. c) Dual de regímenes jurídicos, personal funcionario y personal laboral.

2. c) Aquello que es común al conjunto de los funcionarios de todas las Administraciones Públicas, más las normas legales específicas aplicables al personal laboral a su servicio.

3. d) Bases.

4. c) El personal estatutario de los servicios de salud.

5. c) Supletorio.

6. c) Personal de las Fuerzas y Cuerpos de Seguridad.

7. c) Personal de las Universidades Públicas.

8. d) Evaluación y responsabilidad en la gestión.

9. b) A los Empleados públicos.

10. c) En el ejercicio de las potestades públicas.

TEST N.º 13

Instituciones de la Unión Europea: El Consejo, la Comisión, el Parlamento. El Tribunal de Justicia. El Tribunal de Cuentas. El ordenamiento jurídico de la Unión Europea y sus fuentes. Libre circulación de mercancías: la Unión Aduanera, la libre práctica, la cooperación aduanera y la prohibición de restricciones cuantitativas entre los Estados miembros. La aduana y las políticas de la Unión Europea. La Organización Mundial del Comercio. Organización Mundial de Aduanas

1. El Tribunal de Cuentas asistirá:

a) Al Parlamento Europeo y al Consejo en el ejercicio de su función de control de la ejecución del presupuesto.
b) A todas las Instituciones.
c) Al Consejo, al Parlamento y al Consejo Europeo.
d) Al Consejo, al Parlamento, al Consejo Europeo y al Tribunal de Justicia.

2. El Tribunal de Justicia de la Unión Europea comprenderá:

a) El Tribunal de Justicia, el Tribunal General y los tribunales especializados.
b) El Tribunal de Justicia y el Tribunal General.
c) El Tribunal de Justicia, el Tribunal General, los tribunales especializados y el Tribunal de Primera Instancia.
d) El Tribunal de Justicia y los tribunales especializados.

3. Señala la respuesta verdadera:

a) El Parlamento Europeo y el Consejo estarán asistidos por un Comité Económico y Social y por un Comité de las Regiones que ejercerán funciones consultivas.
b) El Parlamento Europeo, el Consejo y la Comisión estarán asistidos por un Comité Económico y Social y por un Comité de las Regiones que ejercerán funciones consultivas.
c) El Parlamento Europeo, el Consejo, la Comisión y el Tribunal de Justicia estarán asistidos por un Comité Económico y Social y por un Comité de las Regiones que ejercerán funciones consultivas.
d) Todas las respuestas son falsas.

4. El Parlamento Europeo:

a) Estará compuesto por representantes de los ciudadanos de la Unión.
b) La representación de los ciudadanos será decrecientemente proporcional, con un mínimo de seis Diputados por Estado miembro.

c) No se asignará a ningún Estado miembro más de noventa y seis escaños.
d) Todas las respuestas son verdaderas.

5. Los Diputados al Parlamento Europeo serán elegidos para un mandato de:

a) Cuatro años.
b) Seis años.
c) Cinco años.
d) Todas son falsas.

6. Examinar las cuentas de la totalidad de los ingresos y gastos de la Comunidad corresponde:

a) Al Tribunal de Cuentas.
b) Al Tribunal de Justicia.
c) A la Comisión.
d) Al Consejo.

7. El Tribunal de Justicia de la Unión Europea tendrá su sede en:

a) Luxemburgo.
b) Bruselas.
c) Frankfurt.
d) La Haya.

8. Respecto a las elecciones al Parlamento Europeo, en España se ha optado porque:

a) La circunscripción electoral sea única para todo el territorio nacional.
b) La circunscripción electoral sea por Comunidades Autónomas.
c) La circunscripción electoral sea por provincias.
d) Todas las respuestas son falsas.

9. Respecto del Parlamento Europeo:

a) El periodo parcial de sesiones será la reunión que celebre el Parlamento, por regla general, cada mes y este periodo se dividirá en sesiones.
b) La legislatura coincidirá con la duración del mandato de los Diputados.
c) La duración del periodo de sesiones será de un año.
d) Todas las respuestas son verdaderas.

10. El Tribunal de Justicia está compuesto por:

a) Un juez por Estado miembro y 11 abogados generales.
b) Dos jueces por Estado miembro y 11 abogados generales.
c) Al menos un juez por Estado miembro y los abogados generales rotarán por países.
d) Un juez por cada Estado miembro y 15 abogados generales.

En MADTEST tienes **más preguntas de este tema**, y todos tus avances quedan registrados y se reflejan en el ranking.

¡Supera tus límites con MADTEST!

Solución al test n.º 13

1. a) Al Parlamento Europeo y al Consejo en el ejercicio de su función de control de la ejecución del presupuesto.

2. a) El Tribunal de Justicia, el Tribunal General y los tribunales especializados.

3. b) El Parlamento Europeo, el Consejo y la Comisión estarán asistidos por un Comité Económico y Social y por un Comité de las Regiones que ejercerán funciones consultivas.

4. d) Todas las respuestas son verdaderas.

5. c) Cinco años.

6. a) Al Tribunal de Cuentas.

7. a) Luxemburgo.

8. a) La circunscripción electoral sea única para todo el territorio nacional.

9. d) Todas las respuestas son verdaderas.

10. a) Un juez por Estado miembro y 11 abogados generales.

El dominio público y el patrimonio de los Entes Públicos.
La Agencia Estatal de Administración Tributaria

1. Según la LPAP, son bienes de dominio público los que:

a) Sean siempre de titularidad estatal.
b) Estén afectados al uso general o al servicio público.
c) Sean inalienables con independencia de su destino.
d) Estén fuera del comercio de los hombres.

2. Los bienes patrimoniales de las Administraciones Públicas se caracterizan porque:

a) Están siempre afectos a un uso general.
b) Están sometidos a un régimen jurídico exorbitante del civil.
c) No tienen carácter demanial.
d) Son siempre comunales.

3. ¿Qué artículo del Código Civil define los bienes de dominio público por estar destinados a un uso público o servicio público?

a) Art. 334.
b) Art. 339.
c) Art. 341.
d) Art. 348.

4. La Constitución, en su artículo 132, establece para los bienes de dominio público el principio de:

a) Resarcibilidad.
b) Temporalidad.
c) Inalienabilidad, imprescriptibilidad e inembargabilidad.
d) Disponibilidad condicionada.

5. Los bienes comunales, según la LRL, se caracterizan porque:

a) Son siempre de propiedad estatal.
b) Su aprovechamiento corresponde al común de los vecinos.

c) Se consideran siempre bienes patrimoniales.
d) Solo pueden destinarse a uso agrícola.

6. La principal nota que convierte a un bien en demanial es:

a) Su titularidad estatal.
b) Su localización en suelo rústico.
c) Su afectación al uso o servicio público.
d) Su inscripción registral.

7. El dominio marítimo-terrestre estatal incluye, entre otros, según la Ley de Costas:

a) Únicamente las playas urbanas.
b) Solo el mar territorial.
c) La ribera del mar y de las rías.
d) Exclusivamente los puertos deportivos.

8. La imprescriptibilidad de los bienes de dominio público implica que:

a) No pueden ser expropiados.
b) No pueden ser objetos de hipoteca.
c) No pueden adquirirse por usucapión por particulares.
d) No pueden ser inventariados.

9. La recuperación de oficio del dominio público permite a la Administración:

a) Expropiar bienes sin indemnización.
b) Recuperar por sí misma la posesión indebidamente perdida.
c) Vender bienes de dominio público sin desafectación.
d) Inscribir de oficio bienes a su favor en el Registro de la Propiedad.

10. El uso común general de los bienes de dominio público se caracteriza porque:

a) Requiere siempre autorización administrativa.
b) Se ejerce por cualquier administrado sin cualificación especial.
c) Está reservado a los residentes del municipio.
d) Se realiza mediante concesión administrativa.

En MADTEST tienes **más preguntas de este tema**, y todos tus avances quedan registrados y se reflejan en el ranking.

¡Supera tus límites con MADTEST!

Solución al test n.º 14

1. b) Estén afectados al uso general o al servicio público.

2. c) No tienen carácter demanial.

3. b) Art. 339.

4. c) Inalienabilidad, imprescriptibilidad e inembargabilidad.

5. b) Su aprovechamiento corresponde al común de los vecinos.

6. c) Su afectación al uso o servicio público.

7. c) La ribera del mar y de las rías.

8. c) No pueden adquirirse por usucapión por particulares.

9. b) Recuperar por sí misma la posesión indebidamente perdida.

10. b) Se ejerce por cualquier administrado sin cualificación especial.

Cómo acceder al Curso

Cuerpo Técnico de Hacienda
Manual de simulacros para la preparación del primer ejercicio y tercer ejercicio

El uso de los códigos **es exclusivo de los compradores de los productos de Editorial MAD**. Cada producto posee un código único y de un solo uso. Es personal e intransferible y da acceso a servicios y contenidos adicionales. Editorial MAD se reserva el derecho de hacer cuantas comprobaciones sean necesarias para identificar al legítimo poseedor del código y dejar de dar servicio a quien haga uso fraudulento del mismo, además de emprender cuantas acciones legales estime oportunas según la legislación vigente.

Deberás acceder a:

mad.es/registro-campus

Si una vez aceptadas las condiciones de uso del Campus decides hacer uso del mismo, necesitarás del siguiente código de acceso junto con los códigos del resto de títulos que se exigen (si fuera el caso):

51LS8TJNWE